「考える技術」と「地頭力」がいっきに身につく

東大思考

現役東大生
西岡壱誠
Issei
Nishioka

東洋経済新報社

はじめに

「頭がいい人って、なんで頭がいいんだろう？」

そんなことを疑問に思ったことはありませんか？

同じ時間勉強しても成績に差がついたり、同じ本を読んでも得ている情報量がまったく違ったり――**頭がいい人とそうでない人には大きな隔たりがある**と感じること、けっこうあるのではないでしょうか。

「この隔たりって、いったい何なんだろうか？」

「頭がいい人になるには、どうすればいいんだろうか？」

この『東大思考』は、誰もが思ったことのある、そんな疑問の答えを解き明かす本です。

「頭のいい人」が物事をどのように考えているのか、その思考回路を解説していきます。

思考回路を変えたら、東大生になれた

僕は誰よりも、この疑問と向き合って今日まで生きてきた自信があります。

僕はもともと、はっきり言って「バカ」でした。

高校3年生時の模試の偏差値は35。英語の成績は１００点満点中3点。勉強していないからその成績だったのかというとそうではなく、毎日何時間も勉強机に向かっていました。

勉強はしているのに一向に成績が上がらない、典型的なバカでした。


「なんで自分はこんなにバカなんだろうか?」


世の中には、1日1時間の勉強でも効率的に結果を出し、成績がいい学生もいます。でも僕はそうではない。この差って、いったい何なんだろう?

多くの人はここで、**「やっぱり先天的な才能なんじゃないか?」**と考えると思います。

頭のよさは生まれつきの才能で決まっていて、才能のある人は結果を出せるし、才能のな

い人は結果が出ない。だから、バカはどんなに勉強したってバカなんだ、と。

しかし、**僕は筋金入りのバカだったので、そう考えることすらできませんでした**。「先天的な要素で決まっているからやってもムダだ」という賢い発想ができなかったのです。

だから、**「自分みたいな頭の悪い人間が、どうやったら東大に合格できるほど頭がいい人間になれるのか？」ということを、徹底的に考え抜いた**のです。

そこから、3年。僕は2浪して、**東大に合格**することができました。

なぜ合格できたのかと言えば、答えは単純です。**頭のいい人のやり方、思考法をパクリまくった**からです。

東大の入試問題50年分とにらめっこして「東大はどういう人材を求めているのか」を考え抜き、東大に合格した友達や塾で頭がいい人に頭を下げて「ノートを見せてくれ」「勉強法を教えてくれ」と頼み込み、東大生がやっている勉強の方法、読書のテクニック、作文の術を盗み続けたのです。

そのときに感じたのは、**「やっぱり頭のいい人は、『思考回路』が違うんだな」**ということでした。

持っている知識が多いか少ないかではなく、思考回路が普通の人とは違う場合が多い。机に向かっている時間が長いわけでもなければ、もともと頭の出来が違うわけでもない。**思考の違いが、「頭のよさ」をつくっている**のです。

そして**その思考回路は、誰でも真似できます。偏差値35だった僕も、その思考回路を真似することで、東大に合格することができました。**

> **東大思考**
> **Point 1**
>
> **「頭がいい」「悪い」を分けるのは、才能ではなく「思考回路」だ**

東大生の頭のよさは、誰にでも身につけられる

ここで1つ、断言しておきたいことがあります。それは、**「頭のよさは、誰にでも身につけられる」**ということです。

たくさんのことを暗記できる人。たくさんの本を簡単に読んでしまう人。うまく説明ができる人。いろんなアイデアを思いつく人。どんな問題にも適切に対処できる人。

「頭のよさ」にもいろいろな種類があり、どれも生まれつきのものだと考えられがちです。ですが実は、**これらは全部、誰でも身につけることができるもの**なんです。

僕は東大に入って、そのことを強く意識するようになりました。

東大生は、もちろん頭がいいです。しかし、**１００人いて99人は、その頭のよさを後天的に身につけた「秀才」**です。

もちろんごくたまに、本当に生まれつき頭のいい学生もいます。しかし、それはほんの一握り、東大生の中でも１％くらいしかいないと思って間違いありません。

ではそれ以外の99％は、どのようにして頭がよくなったのでしょうか。

そのポイントが「思考回路」です。東大生は、勉強の際はもちろん日常生活の中においても、**僕たちとは違う「思考回路」で物事を考えています**。それが**ある種のトレーニング**になって、東大生の「頭のよさ」を形づくっているのです。

なら、それを真似してみたら？　生まれつきの才能は真似できなくても、思考回路なら真似できます。東大生みたいに無意識にはできなくても、テクニックに落とし込んで真似すれば結果は同じ。**僕たちも「東大生の頭のよさ」を手に入れることができる**のです。

この本では、そんな東大生の思考回路を、誰でも再現可能な思考法、もともとの頭の出来に関係なく実践可能なテクニックとしてご紹介していきます。

東大生の「頭のよさ」をつくる5つの思考回路

本書では、**多くの東大生に共通している「5つの思考回路」**を解説します。

ＣＨＡＰＴＥＲ１では**「暗記しなくても記憶できるようになる」**思考回路。
ＣＨＡＰＴＥＲ２では**「簡潔に話をまとめることができるようになる」**思考回路。
ＣＨＡＰＴＥＲ３では**「人にうまく話を伝えられるようになる」**思考回路。
ＣＨＡＰＴＥＲ４では**「他人が思いつかないアイデアを生み出せるようになる」**思考回路。
ＣＨＡＰＴＥＲ５では**「難解な問題を解決できるようになる」**思考回路。

この5つの考え方をみなさんにお伝えして、「頭がいい人は、なぜ頭がいいのか？」「どうすれば、頭がいい人になれるのか?」について、ご説明したいと思います。

『東大思考』なんて大それたタイトルだから「自分にはできないんじゃないか」と思う人もいるかもしれませんが、大丈夫です。「頭がいい人」とそうでない人を分けているのは、ほんの少しの、小さな差です。**ちょっと頭の使い方を変えるだけで、実は誰でも「頭がいい人」になれます**。

だって、**偏差値35でバカだった僕でもできた**のです。みなさんだって、簡単にできるようになるはずです。

この本を通して、みなさんが「頭のよさのテクニック」を身につけていただけることを願っております。

東大思考
Point 2

思考回路を変えれば、誰でも「頭がよく」なれる!

目次

CHAPTER 3

CHAPTER 4

裏側思考で「普通は思いつかないひらめき」が湧く

CHAPTER 5

本質思考で「どんな問題もスラスラ解決」できる

A
C

CASE 4

CASE 5

PART 1

THE UNIVERSITY OF TOKYO
THINKING TECHNIQUES

日常生活で「地頭力」がグングン高まる東大思考

THE UNIVERSITY OF TOKYO THINKING TECHNIQUES

CHAPTER 0

「東大生の頭のよさ」は日常生活でつくられる

東大生の地頭は「日常の解像度」が高いから鍛えられる

・ほとんどの東大生は「普通の人」

さて、「東大思考」についてご紹介する前に、みなさんに1つ質問したいことがあります。

そもそも東大生は、なぜ「頭がいい」と言われるのでしょうか？　頭がいい人って、そうでない人と何が違うのでしょうか？

そう問いかけると、「え、もとから頭いいんじゃないの？」と答える人も少なくないと思います。「頭の出来が違うから、東大に入れたのではないか」「先天的に、生まれたときから頭がよかったのではないか」と。

でも東大の中にいると、意外とそうでもないことをひしひしと感じます。僕は、東大生が東大生になるまでどんな道のりをたどってきたのか、勉強面においても生活面においても取材することが多いのですが、彼らはみな**「当たり前のことを当たり前に積み重ねてきた結果」**として、東大生になった人ばかりでした。

天才が、努力せずに東大に合格するわけではないのです。

「普通に頑張った普通の人」が、結果として東大に合格する場合が非常に多いのです。

生まれたときから頭がよくて、小さいときから「東大合格確実！」みたいに言われて東大に来た人は、実はほとんどいません。僕らが一般的に考えているほど、東大生が「先天的に頭がいい」わけではないのです。

東大生の「頭のよさ」は、後天的に得られたものなのです。

・東大生は「日常の解像度」が高い

ではいったい、どうすれば頭がよくなるのでしょうか？　頭がよくなる人とそうでない人とでは、何が違うのでしょうか？　どうすれば、頭がよくなるのでしょうか？

本書のページ下では、それぞれの思考法をよりよく理解してもらうための「オススメの本」と、「日常の解像度」を高めるための「トレーニング問題」を掲載していきます。「こんなところにも疑問の目を向けるんだ」と、楽しんでいただければ嬉しいです！

僕は、**頭がよくなる最大のポイントは「日常の解像度」**だと考えています。

みなさんも、写真を撮ることがありますよね。写真には、ピンボケしている低解像度のものもあれば、すごく細かい部分まで見ることができる高解像度のものもあります。

頭のいい人は、高解像度で世の中を見ています。**身の回りのすべてのことから学ぶことのできる、高性能のカメラを持っている**のです。

これについて詳しく説明する前に、みなさんにお聞きしたいことがあります。みなさんは、**「英語を話せるようになりたいのなら、外国人の恋人をつくればいい」**という説についてどう思いますか?

一度はどこかで聞いたことのある人が多いはずのこの説。恋人と話ができるようになりたいというモチベーションによって英語習得が非常に速くなる……という考え方なわけですが、これは何となく正しいような気がしますよね。

そうやって英語がうまくなった人は僕の周りにも多いですし、こうやって広く知られるようになっているということは、きっととても多くの人がこの説に共感しているということ。信憑性は高そうです。

問題は、この説はいったいどうして正しいと言えるのかです。どうして「外国人の恋人ができて英語を話すモチベーションが高まる」と、英語学習の効果が上がるのでしょうか？

・同じ景色を見ていても、学べるものが違ってくる

僕の友達に、実際に外国人の恋人ができて、英語が急激に上達した人がいます。その人に話を聞いてみたところ、意外な回答が返ってきました。

「たとえば電車に乗っていると、外国人に向けた英語のアナウンスが聞こえてくるだろう？　英語学習に対するモチベーションが低いときにこのアナウンスを聞いても、『ああ、何か英語で話してるなー』というくらいのことしか思えなかった。でも、外国人の恋人ができて、彼女と話したいからすぐにでも英語をマスターしたいと考えているときは、そのアナウンスが英語の教材のように聞こえたんだ。

同じように、何気ない日常の中に英語はたくさんある。看板やメニューの英語表記、普段使っているカタカナ語、企業名や商品名の中に含まれている英単語……。すべてが英語

を勉強するための手段に見えた。僕はそうやって、英語を話せるようになったんだ」

日常生活を送る中で、英語って意外とたくさん目にしますよね。「メニュー」だとか「アナウンス」だとか「モチベーション」だとかそういう言葉。

この本でもそういった日本語として使われる英語をたくさん使っていますし、最近では会社名が英語になっている企業も非常に多いです。

でもみなさんは、普段目にしたり耳にしたりするこれらの英語が具体的にどういう意味なのか、意識して生きていますか？　多分そうはせずに、ただ聞き流している人が多いと思います。

英語に対するモチベーションが高いと、日常の英語に意識を向けることができて、机に向かっているわけでもないのに英語の勉強をすることができるようになる。これこそが、「英語を上達させたいのなら、外国人の恋人をつくればいい」という説の真相なのだと思います。

「日常の解像度が違う」というのは、こういうことです。同じ景色を見ていても、ある人は英語の勉強になって、ある人は何も学ぶことができない。
日常生活を送る中で、ここに大きな違いが生じており、**この違いが大きな差を生む**のです。

東大思考
Point 3

「東大思考」とは、「日常の解像度を上げる」こと！

「東大生の頭のよさ」を身につける「日常の解像度」の高め方

・東大生は「あらゆること」にアンテナを張っている

では具体的に、東大生は日常生活において「何を」見ているのでしょうか？　どういう点にアンテナを張っていれば、頭がよくなるのでしょうか？

その答えは、「何もかも」です。

特定の何かを学びに活かしているのではなく、すべてを学びに活かしているのです。すべてのものから学ぶから、東大生は頭がいいのです。

たとえば、みなさんがコンビニに行って牛乳を買ったとします。その牛乳を観察してみると、少し意外なことが書いてある場合があります。

もしみなさんが東京で牛乳を買ったなら、その生産地は「群馬県」とか「栃木県」とか「千葉県」とか、関東地方の近隣の県である場合が多いと思います。

「え？　牛乳といえば北海道なんじゃないの？」「北海道産の牛乳が多いと思っていた」と考える人は多いのではないでしょうか。群馬県とか栃木県とか、牛乳のイメージはないですよね？　なぜ北関東で牛乳がつくられているのでしょうか？

その答えは、実は小学生の社会の教科書に載っています。

「近郊農業」。早く食べたほうが鮮度がよくておいしい野菜などは、消費地の近くでつくる。そうすれば輸送コストもかからない。牛乳は賞味期限が短く、鮮度が大事です。北海道でつくった牛乳を東京に持ってこようとしたら、それだけで時間も労力もよけいにかかってしまいます。だから、東京の牛乳は関東近辺の地域でつくられる場合が多いのです。

牛乳というありふれたものをよく観察し、「なぜ？」という疑問をぶつけることで、近郊農業という概念をより深く理解できるようになりました。

また、みなさんが普段目にするもので一度は疑問に思ったことのあるものの代表例として、「青信号」がありますね。

青信号って、青くないですよね。あんなの、誰がどう見たって緑色ですよね。どうしてあれが「青」信号なのでしょうか？

同じようなものに「青汁」があります。青汁って別に青くないですよね。というか本当に青い飲み物だったら、飲むのをためらってしまいますよね。**なぜ僕たちは、「緑」を「青」と表現しているのか？**

実はこれには、平安時代にまでさかのぼる理由があります。

平安時代には、究極的には色は4種類しか存在していませんでした。いえ、存在はしていたのですが、**色を示す言葉が4種類しかなかった**のです。

それは、「赤」と「青」と「白」と「黒」です。この4つの色だけで、他の色を表したのです。

緑色は、このとき青と区別されていませんでした。

茶色も黒の一種とされていて、「浅黒い」などと表現されていました。今でも「浅黒い」という言い回しは使いますよね。

プチ「日常の解像度」トレーニング　No.01

Q. 牛乳は北海道ではなく市場の近くで生産されることが多いとお話ししましたが、チーズやバターの産地を確認すると、北海道産のものが多いです。これはなぜでしょうか？

黄色も赤の一種にカウントされていて、日本の色は4つだけだったわけです。

この名残として、今でも「赤い」「青い」とは言いますが「緑い」とは言いませんよね？「白い」「黒い」とは言いますが「黄い」とは言いません。色が形容詞になるのは、「赤」「青」「白」「黒」だけなのです。

たしかに「茶色い」とか「黄色い」とは言いますが、これは「色」という言葉を使わないと表現できません。「茶い」「黄い」とは言わないのです。

他の色がどんどん増えてきたのは、鎌倉時代以降になってからです。しかしそれ以降も、この4色が日本古来の考え方として残っていて、それ以外の色はこの4色に比べて優先順位が低いのです。だから、信号も青いと言うし、緑色の汁も「青汁」と呼ぶのです。平安時代の名残が、今でも残っているのが「青」だというわけです。

「牛乳」も「青信号」も、身の回りにあるものです。日常的に目にするもので、ありふれているものです。でも、**そこから学ぶことができる人とできない人がいて、学ぶことができる人はどんどん新しい知識を吸収できる。**

「日常の解像度が高い」というのは、まさにこういうことなのです。

プチ「日常の解像度」トレーニング No.01

A.牛乳もチーズもバターも牛のお乳（生乳）からつくられていますが、牛乳とチーズ・バターには大きな違いがあります。牛乳は鮮度が大切な商品ですが、チーズやバターに加工してしまえば長期的に保存することができるのです。だから北海道で生産された生乳は、チーズやバターに加工してから市場に出荷される場合が多いのです。

・勉強や学問はすべて「日常の解像度を上げる」ことから始まる

このメカニズムは、まったく特別なものではありません。実はこれは、**有史以来続く、学問の生まれるメカニズムそのもの**なのです。

たとえば科学は、「身の回りのありふれたことに、説明をつけよう！」という学問です。

「リンゴが木から落ちるのはなぜだろう？　これは重力という概念で説明できるかもしれない！」

「どうして雨が降るのだろう？　水の蒸発と関係があるかもしれない！」

身の回りのありふれたことを解明しようとして、ニュートンもアリストテレスも大学の教授も研究を重ねているのです。これこそ、「日常の解像度を上げるための方法論の構築」そのものです。

勉強や学問はすべて、「日常の解像度を上げる」営みであると言っても、けっして過言ではないのです。

・思考法を変えれば誰でも「日常の解像度」を高められる

「うーん、言いたいことはわかるけど、これって自分にはできそうもないな」

そうお考えの人もいるでしょう。しかし**「日常の解像度」は、思考法を変えれば誰でも簡単に高められる**のです。

なんてったって、昔偏差値35だった僕ができたのですから、何の問題もありません。ちょっとした意識や考え方の違いで、みなさんの持っているカメラはピントが合うようになるのです。

この本ではこれから、**「誰でも簡単に日常の解像度を上げることができる方法」**を5つ、ご紹介していきたいと思います。

東大思考
Point 4

東大生は、日常的に目にする「すべてのこと」から学んでいる

THE UNIVERSITY OF TOKYO
THINKING TECHNIQUES

CHAPTER 1

原因思考で「たくさんのことを一度に記憶」できる

――東大生は「覚えることを最小限に」絞り込む

1 東大生は、覚える前に「知識を変換」する

では本格的に、「東大思考」＝「東大生がどういう思考をしているのか？」についてお話ししていこうと思うのですが、その前にみなさんに聞きたいことがあります。

「頭がいい人」って、どんなイメージがありますか？

東大生の「暗記力」は、普通の人と大差ない

・「頭がいい」≠「記憶力がいい」

この質問には、いろんな答えがあると思うのですが、でもやっぱり、いちばん多い回答として挙がるのは、**「記憶力がいい人」**ではないでしょうか。

「いろんな知識を持っている、博識で教養のある、何でも知っている人」。それが「頭のいい人」のイメージとしていちばん強いと思います。

実際、**東大生になる人たちは、多くの物事を記憶することができます**。東大生になるためには、英単語を４０００語、古典単語を５００語、数学の公式を５００個、社会や理科の暗記項目を１０００個以上覚えなければなりません。

はっきり言ってこれはめちゃくちゃ大変です。僕も受験生時代、「はあ!?　こんなに覚えることあるのかよ!?」と驚きました。

そしてこう思いました。

「あー、やっぱり東大生っていうのは、記憶力がいいんだなぁ。きっと何でもかんでも、

１回聞いたら忘れないくらい記憶力がいいに違いない」

「ひょっとしたら、１回見たら全部完全に記憶できるんじゃないの？　東大生はきっと、そんな天才ばっかりなんだ！」

　多分ですが、同じようなイメージを持っている人も多いのではないでしょうか？

　でもこれ、**実は全然違うんです**。東大生といえども、別に一瞬で暗記できるような記憶力を持っているわけではないんです。バカみたいな話ですが、一緒に生活していても普通に「あれ？　次の時間って何の授業だっけ？」「あ！　次の授業の教科書、忘れちゃったわ」といった具合に、物事を簡単に忘れます。

　これって不思議な話だと思いませんか？「何で英単語を４０００語も覚えられる奴らが、忘れ物するんだ？」と、僕は非常に疑問に思ったことを覚えています。

・人には「覚えやすいもの」と「覚えにくいもの」がある

　実は、**「記憶力」にはこの「不思議」がいつもつきまとっています**。

　たとえば、将棋の棋士は何千何万という盤面を記憶しています。

「あ！　この陣形は、あのときの対戦で見られた形だね！」と、どんな盤面・陣形も覚

プチ「日常の解像度」トレーニング　No.02

Q. 物事を終えるときに使う「けりをつける」という言葉。この「けり」って、どういう意味でしょうか。実は「蹴り」ではないんです。

えておける能力を持っています。そう考えると、将棋の棋士はみんな「記憶力のいい人たち」です。

しかし、です。そんな記憶力のいい棋士の人たちに「この盤面を覚えてください！」と言って、何の脈絡もない、本当に無秩序な盤面を見せても、まったく覚えられないというのです。「対戦の中で出てくる盤面は覚えられるけど、この盤面は覚えられないよ！」と、記憶できなくなってしまうのだそうです。

同じように、東大生にも「英単語を覚えて！」と言ったらすぐに覚えられる人は多いですが、「この意味のわからないアルファベットの文字列を覚えて！」と言ったら、まったく覚えられなくなってしまいます。

同じようなものであっても、人間にはなぜか、覚えやすいものと覚えにくいものがあるのです。

つまり、僕たちが「記憶力がいい」と考えている人たちは、カメラで写真を撮って、それを頭の中に入れるように暗記しているわけではないのです。**「覚えられるもの」と「覚えられないもの」がある**わけです。

プチ「日常の解像度」トレーニング No.02

A.古典を勉強したことがある人なら、「けり」という助動詞があるのは知っていますよね？　昔の日本では、「なりにけり」のように、言葉の終わりに「けり」をつけることで「文の終わり」を示しました。だから今でもその名残で「けり」＝「終わり」という意味で使われているのです。

非常に卑近な話をするならば、僕は小さい頃、九九がまったく覚えられなくて親を困らせていた記憶があります。「２×３？　わかんない！」と。

しかし、そんな僕は当時「ポケモン」というゲームにはまっていて、３００種類もいるポケモンの名前をすべて覚えていました。

九九なんて81個しかありません。でもポケモンは３００種類もあって、しかもそれぞれのタイプやワザなど、もっと細かいものもたくさん覚えることができていました。親からは「なんでその記憶力を勉強に活かせないんだ！」と怒られていました。

でもこういうことって、実はよくある話ですよね。**覚えられる分野・覚えられない分野があって、記憶力がいい人でも忘れ物をする……**。

いったいどうして、こんなことが起こるのでしょうか？

東大思考
Point 5

「頭がいい人」は、必ずしも「記憶力」が高いわけではない

頭のいい人は「日常の解像度」が高いから覚えられる

・東大生は「丸暗記」がいちばん嫌い

僕は、この記憶力の不思議は、**「日常の解像度の違い」**で説明できると考えています。実は記憶力が優れている人は、**普通の人と「目のつけどころ」が違うだけ**なのです。

一般的に考えられている「カメラで写真に撮って情報を頭の中に入れるかのような『記憶力』」というものは、実は存在しないか、存在していたとしてもめちゃくちゃ少ない人（それこそ東大生の中にも1万人に1人ぐらいのごく少ない割合）にしか備わっていない能力なのです。そうでなければ、この記憶力の不思議は説明できません。

では、いったいどうして「記憶力がいい人」と「記憶力が悪い人」は存在するのか？　その答えは、**記憶する対象に対する「見方」の違い**なのです。

たとえばみなさんは、「unite」という英単語の意味を知っていますか？　「結合する」といった意味です。

さて、この英単語を覚えようと考えたときに、みなさんはどうやって覚えますか？

とにかく何度も見て覚えますか？　10回書いて覚えますか？　語呂合わせをつくりますか？

すべて、覚えるための手段としては正しいと思います。そしてこのときの努力量が少なくても覚えられる人を「記憶力のいい人」、いっぱい見たり書いたりしないと覚えられない人を「記憶力の悪い人」というわけです。

でも、この英単語を覚えようとするときに、東大生は絶対、ただ丸暗記をしようとはしません。**東大生は、「見方」を変えて覚えようとします**。

「unite」という言葉、普段暮らしている中でも聞いたことがありませんか？　「ＵＳＡ」＝「ユナイテッド・ステイツ・オブ・アメリカ」の「ユナイテッド」は、この「unite」ですよね。そう考えてみると、ＵＳＡって、いったいどういう意味なのでしょう？

答えを言ってしまうと、アメリカは「合衆国」であり、たくさんの州（ステイツ）が集まってつくられています。「ユナイテッド・ステイツ」というのは、州が「結合して」つくられているという意味なのです。

また、「unite」と似たような英単語、「uni（ユニ）」を使った英単語をみなさんは知りませんか？　「ユニフォーム」とか「ユニーク」とか「ユニット」とか、日常的に使っている言葉の中にも同じような英単語がありますよね。

さて、これらの単語を見たときに、**「『ユニ』ってどういう言葉に使われるものなんだろう？」**と疑問が湧いてきます。

そう思って調べてみると、「ユニ」には「1つ」という意味があります。「1つの服に統一したもの＝ユニフォーム」「他にはないただ1つの個性＝ユニーク」「2つのものを1つにする＝ユニット」と、「1つ」という意味がどこかに入っているのです。

「unite＝結合する」は、要は「統一する」ということです。「統一」という言葉にも「一」が入っていますよね。「unite」は「バラバラのものを1つにする」ということで、「統一」という意味になるわけです。

・東大生は「関連づける」から、覚えられるし、忘れない

どうでしょうか？　「unite」＝「統一する」という言葉は、もうこれで覚えられたのではないでしょうか？

記憶力がいい人は、このように**覚えるべき事項を身の回りのことと関連づけたり、その事項が誕生した理由を探ったりする**ことで、「丸暗記」をせずに覚えることができるわけです。

こうやって他のこととつなげて覚えようとすれば、**他のことも一緒に覚えることができます**。「unite」を覚えようとする過程で、「ユナイテッド・ステイツ」だったり「ユニーク」だったり「ユニフォーム」だったりを覚えやすくなりましたよね？

多くの人は、何も考えずに「丸暗記しよう」とします。書いたり、見たり、聞いたりして覚えようとします。そしてこの「丸暗記」の能力が優れている人のことを僕らは「記憶力が優れている人だ」と考えがちです。

でも実は、そんなことはないのです。丸暗記は、食事で言えば噛まずに丸々のみこんでいるようなものです。咀嚼《そしゃく》して、のみこみやすくしてから食べないと消化不良を起こしてしまいます。

頭のいい人は、この「咀嚼」がうまいのです。「unite」というただの英単語であっても、

英単語の語源図鑑

語源という「英語の根本的な意味」を理解することによって、より多くの英単語を暗記することができます。「原因を知ればものごとは簡単に覚えられる」ことを象徴するような1冊です。
清水建二、すずきひろし著　かんき出版

このようにいろいろな考えを巡らせることで「食べやすく」しているから、消化不良を起こさない。見方を変えることで覚えやすくしているのです。

もっと身近な例を出します。みなさんは「カーネル・サンダース」という人を知っていますか？　ご存じ、ケンタッキーフライドチキンの創業者のあのヒゲのおじさんですね。

さて、ではみなさんは、あの人の本名を知っていますか？「え!?　カーネル・サンダースじゃないの!?」と思うかもしれませんが、違います。実は「カーネル」ではなくて、「ハーランド・デーヴィッド・サンダース」というのが本名です。

「え、じゃあカーネルって何!?」って話になるのですが、「カーネル」というのは「colonel＝（軍隊の）大佐」という意味です。つまり「カーネル＝サンダース」というのは、「サンダース大佐」という尊称なんですね。

……はい、今のエピソードを聞いたら、みなさん「colonel＝（軍隊の）大佐」だと覚えられたのではないでしょうか？　普通に勉強していても「colonel」という英単語を覚えることは難しいかもしれません。でも、これで一発で覚えられたはずです。

記憶力が優れている人というのは、実はこういう「変換」がうまい人に他ならないのです。

東大思考
Point6

「記憶力がいい人」は、知識を「関連づけ」「変換」するから覚えておける

頭のいい人は「収納」がうまい

・記憶力がいい人とは、「記憶することを最小限にとどめている人」

別のたとえで説明してみましょう。

脳の中に記憶を収納する「クローゼット」があるとします。一般的なイメージでは、「記憶力がいい人」はこの「クローゼット」がめちゃくちゃ大きくて、何でもかんでも収納できるほど大容量だからこそ、多くのものを記憶できるのだと考えられています。そしてたしかに、そういう人も1000万人に1人とかの割合でいるかもしれません。

しかし実は、**僕らが「記憶力がいい」と考えている人のほとんどは、「クローゼット」の大きさ自体は平凡なサイズ**です。記憶できる容量自体は一緒なわけです。

でも、**収納の仕方が優れているから、多くの情報を棚にしまうことができる**。折りたたんで入りやすくしているからこそ、同じ容量でもより多くのものをしまうことができるのです。

要は、**「記憶力がいい」のは、クローゼットが大きいのではなく「棚への収納の仕方」が上手なだけ**なのです。

そう考えると、**記憶力がいい人というのは実は、「記憶することを最小限にとどめている人」**だと考えることもできます。

たとえば先ほど僕は、「unite」という英単語を覚える過程で「ユニーク」「ユニフォーム」など、「uni」＝「1つ」という意味から派生した言葉を覚えることに成功しました。

普通だったら「えーと、uniteは統一する、ユニークは独特の、ユニフォームは……」と1つひとつ時間をかけて暗記するところ、3つをひとまとめにして覚えることができたわけです。

記憶力のいい人とは、このように**見方を変えることで、丸暗記する量を極限まで減らしている人**のことなのです。「クローゼット」で言えば、1つの棚に「この引き出しは全部Tシャツ！」「この引き出しは全部下着！」とラベルを貼り、まとめることでより収納しやすくしているのです。

・記憶の収納上手は引き出し方も上手

こうやって上手に収納していれば、「引き出す」ことも非常に簡単です。

「あれ⁉　あの下着どこだっけ⁉」とはならず、「この棚のここに入っているに違いない」と、記憶していることを瞬時に取り出すことができるわけです。

だから、「unite」の意味を忘れてしまったとしても、「uniっていうのは、『1つ』って意味だよな。だったら、それに類する何かなんだよな……あ！　統一だ！」と、簡単に思い出すことができます。

先ほどお話しした将棋の棋士もそうです。将棋の棋士は、盤面を100パターン暗記しているのではありません。その盤面に至るプロセスを1つ暗記しているから、その派生として100パターンの盤面を覚えることができているのです。

意味がないものを暗記しているのではなく「ああ、この盤面は『穴熊をどうやって崩そうとしているか』という場面だね」「これは『棒銀で攻められているときにどのように対処するか』という盤面かな」と、プロセスを暗記しているからこそ、覚えることができる。

だからこそ逆に、意味のない盤面は覚えることができないのです。

すべては、「ものの見方」次第なのです。

わけのわからないアルファベットの文字列も意味のある英単語も、意味のない盤面も意味のある盤面も、見る人によっては同じものに見えてしまいます。

しかし、**頭のいい人は「見方」を変えることで、「覚えやすいもの」へと変換し、「覚えるべきこと」を最小限にしている**のです。だから、普通の人よりも多くのことを覚えられるのです。

まとめると、次のようになります。

- 記憶力のいい人は、見方を変えることで多くのものを暗記している
- 記憶するものを咀嚼することで、より覚えやすくする
- 記憶するものを関連づけて、本当に覚えるべきところのみを覚えることで、覚える内容を最小限にする

では今から、**これが可能になる思考法、「原因思考」**をご紹介したいと思います。

> 東大思考
> **Point 7**
>
> **記憶は、「容量」よりも「収納の仕方」が大切**

2
原因探しで、暗記しなくても「自然に覚えられる」：原因思考①

目の前の出来事には、必ず「原因」がある

ではここから、原因思考についてお話ししていきます。

記憶力を高めるためには、ものの見方を変えることで**「記憶する対象を咀嚼し、覚えやすいものへと変換する」**ことと**「覚える対象を関連づけて、覚えるべきことを少なくする」**

ことの2つが必要だとお話ししました。

それを具体的に、どのように行うのかについて、ここから説明していきましょう。

・すべての物事は「結果」である

原因思考というのは、簡単に言うと**「意味を理解しさえすれば、暗記が楽になる」**という思考法のことです。

初めて「unite」という言葉に出合った人は、どうして「unite」が「統一する」なのかがわかっていません。そこで多くの人は、「よくわからないけど、『unite』は『統一する』だ！」と暗記しようとして、挫折するのです。「なかなか覚えられないよ！」「ちくしょー、忘れちゃった！」と。

でもこれは、当たり前の話なんです。意味を理解していない状態では、本当に無秩序な文字列を覚えようとしているだけなんですから。

すべての物事には、原因があります。uniteが「統一する」という意味なのには、必ず原因があるはずです。

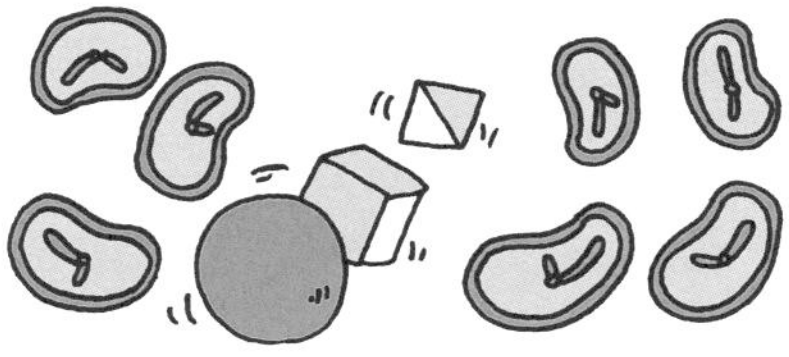

原因と、結果。すべてのものは因果関係で結ばれています。火があるから煙が出るし、虫歯があるから歯が痛くなるし、悲しいから涙が出るのです。uniteが「統一する」という意味であることにも、絶対にどこかに原因があるはずなのです。

そう考えて調べてみれば、「uni」に「1」という意味があることがわかります。この「1」という要素があるから、「統一する」という意味になったわけですね。

そして、「uni」が「1」だと覚えておけば、「unite」の意味を忘れても、「1、だったから……ああ、統一か」と思い出すことができ、忘れなくなるのです。

僕たちの目の前には、「結果」だけが存在しています。重力がある「結果」、リンゴは木から落ちる。地球が回っている「結果」、昼と夜がある。嬉しいことがあった「結果」、人は笑顔になる。

でも、**多くの人は身の回りのことが「結果」だとは考えません**。当たり前のことだから、「リンゴは木から落ちるものだ」と勝手に決めつけてしまうのです。

東大生はみんな、この「結果」に対して疑問をぶつける人ばかりです。

僕は一度、東大生がどういう言葉を好んで使うのか、言葉の使用頻度を調べたことがあ

プチ「日常の解像度」トレーニング No.03

Q. 英語のオーダー(order)には、「順序」「順番」「秩序」「命令」「注文」など、いろいろな意味があります。どうしてこんなに、いろいろな意味があるのでしょうか?

ります。その中で東大生がぶっちぎりで多用していたのは、**「なぜ？」**という言葉でした。

東大生は、**何か出来事や学びがあったときに、それを「結果」ととらえて、「原因」を調べようとする**のです。

「なぜ、uniteは『統一する』なのか？」
「どうして、リンゴは木から落ちるのか？」

すべての物事に疑問をぶつけているからこそ、その理由を知っている。そして理由を知っているからこそ、多くの物事を覚えられるし、忘れにくくなるのです。

実は東大の入試問題も、そうやってつくられています。

「なぜ、円周率は3・14なのか？」
「どうして、日本は開国したのか？」

知識そのものではなく、「なぜ？」を問うのが東大の入試問題の傾向です。

プチ「日常の解像度」トレーニング No.03

A.実はオーダーというのは、「秩序」を示す言葉なんです。秩序というのは、「あるべき状態が保たれている」ことを言います。たとえばイギリスの議会では、議論が紛糾すると「オーダーオーダー！」と叫びます。席に座って、むやみに発言せず、あるべき状態に戻れ、という意味です。これがオーダーの根本的な意味で、そこからさまざまな意味が派生したのです。

「当たり前」ではすまさずに、「どうしてこうなったのか？」をしっかりと考え抜く人間こそ、多くの知識を得ることができる。東大がそう考えているからこそ、このような問題が出題され続けているのだと思います。

・丸暗記せずに覚える

理由を考え抜けば、**丸暗記することなく物事を覚える**ことができます。

先ほど僕は「東大生になるためには多くの物事を覚えなければならない」と言いましたが、１つひとつを丸暗記でそのまま暗記しているのではなく、**理由を知ることで丸暗記を避けている**のです。

たとえば、みなさんはペリーが来航した年を覚えていますか？　１８５３年です。これを覚えるために普通は、語呂合わせを使ったり、何度も口に出したりするでしょう。

しかし、東大生は違います。

「１８５２年でも、１８５４年でもなく、なぜ１８５３年だったんだろうか？　きっとそこには、理由があるはずだ」

というふうに、「１８５３年だった理由」を探そうとするのです。

「失敗の本質」と戦略思想

多くの本で、失敗を解き明かすためには「原因と結果」を理解することが重要だと説いています。中でもこの本は、歴史上の偉人の戦略に照らし合わせてそのことを教えてくれます。

西田陽一、杉之尾宜生著　ちくま新書

すると、**「１８５３年にペリーが来た」のは偶然ではなく、きちんと理由がある**ことがわかります。

１８５３年という年を調べてみると、実はペリー来航の数カ月後に、ヨーロッパでクリミア戦争という大きな戦争が起こっていることがわかります。

当時日本を開国させたいと思っていた国はきっと多かったはずですが、アメリカは、「ヨーロッパで緊張が高まっている今（＝１８５３年）なら、他の国にジャマされずに日本を攻めることができるかもしれない！」と考えたのではないかと推測することができますよね？

また、アメリカという国は１８４８年まで、日本に近い西海岸には領土を持っていませんでした。ずっと東海岸のほうでばかり活動をしていて、西海岸まで到達したのは１８４８年のことだったのです。

西海岸にアメリカ人が雪崩れ込んだのは、１８４９年から。だから今でも西海岸・サンフランシスコのアメリカンフットボールチームには「フォーティナイナーズ（49）」という名前がつけられています。「この土地の歴史は１８４９年から始まったんだ」ということをサンフランシスコの人たちが誇りに思っているので、「フォーティナイナーズ（49）」なわけです。

そして、4〜5年かけて黒船をつくり上げて、日本に開国を迫る準備をし、クリミア戦争でヨーロッパ人たちが手出しできない状況で日本に来たと推測できます。

1853年にペリーが来航したのは、このようにさまざまな要因が重なっているのだと考えることができるのです。これらの要因を理解しておけば、「ペリーの来航？　ああ、ヨーロッパのクリミア戦争の直前でしょ？」「1849年よりは後なのはたしかだな」と、より覚えやすくなるのです。

いかがでしょうか？　そりゃあ、丸暗記すれば、一瞬で終わります。「1853年！　ペリー来航！」と口に出して、語呂合わせをつくって、紙に書いて覚えるのは簡単です。

でも、それは**クローゼットの中にとりあえず服を突っ込んでいるのと同じ**なのです。それではいざというときに記憶の中から取り出すことはできず、すぐになくして（忘れて）しまうのです。

そうならないためには、**「急がば回れ」の理論で、僕らはきちんと物事の「原因」を探さ**

プチ「日常の解像度」トレーニング　No.04

Q. 近年大人気のミクスチャーバンド「King Gnu」の名曲、「白日」。この「白日」は、どういう意味でしょうか？　「日の光が白くて明るい1日」以外に、実は知られざる意味があるのです。

ないといけないのです。

これを行うのが、**「原因探し」**です。具体的に、どうすればいいかを見ていきましょう。

東大思考 **Point 8**

「結果」のもととなる「原因」を理解することで、丸暗記を避ける

「原因探し」の5STEP

「原因探し」は、次の5STEPで進めていきます。

・STEP0　結果探し：覚えたい物事・事柄を探してみる

まずは、覚えたいこと、考えてみたいことを探しましょう。慣れてきたら、ふと流れてきたニュースでも、身の回りの出来事でも大丈夫です。何でもいいから、探してみましょう。

プチ「日常の解像度」トレーニング　No.04

A.「白日」というのは、身の潔白を意味する言葉です。「青天白日」や「白日のもとにさらされる」という言い方があるとおり、罪を犯していない状態を白日と言います。歌詞と照らし合わせて考えると、「時には誰かを傷つけてしまったりして、自分たちは白日のままでいられるだろうか？」という意味の楽曲だと考えることができます。

・STEP1　具体物探し：特徴的な数字や言葉の意味を探す

「原因を探そう」と言っても、はじめは戸惑ってしまうことと思います。「1853年にアメリカのペリーが来航した」と読んでも、これをそのまま「なぜ？」と問うのは難しいですよね。なかなか問いを立てることができないはずです。

そういうときには、具体的なものをイメージしてみましょう。「1853年」とか、「アメリカ」とか、そういうポイントに絞って考えを出発させるのです。

・STEP2　問いを立てる：その数字・言葉を使って「なぜ？」を考える

具体的な物事が見つかったら、それに対して理由を考えてみましょう。

「1853年っていうけど、これって世界ではどんなことが起こってたのかな？」「この時期って、他に何かあったのかな？」とか、「アメリカにとって、1853年ってどんな時期なんだろう？」「っていうか、なんでアメリカだったんだろう？　イギリスでもよくない？」などと考えてみるのです。

・STEP3　背景を知る：その数字・言葉の背景を調べる

そしてそれを、**もっと広い視野で、もっと抽象的に**考えてみましょう。

たとえば１８５３年なのであれば、これは「19世紀」です。「19世紀って、どんな時代なんだろう？」「他の世紀と比べて違うところはあるのかな？」などと考えてみるのです。アメリカの例で言えば、「アメリカってそもそもどんな国なんだっけ？」「そもそもアメリカってこのとき、どんなことをしていたんだろう？」といった具合です。

（場合によっては、ＳＴＥＰ３は、現段階ではやらなくても大丈夫です。「背景」の考え方についてはＣＨＡＰＴＥＲ２でもお話ししますので、そちらも参考にしてください）

・STEP4　原因を探す：「なぜ？」に対する解答を考える

ＳＴＥＰ２・３を踏まえて、「なぜ？」に答えを出し、ＳＴＥＰ１に理由を与えてみるのです。

たとえば「１８５３年」と検索してみたり、「アメリカ」という国の成り立ちを調べてみたりします。

そして、「ああ、１８５３年には、イギリスでこんなことがあったらしい」「アメリカってそもそもこの時期は、まだ西海岸に到達して間もなかったんだ！」と、自分が納得できる理由を探してみるのです。

このとき、「その理由が本当に正しいのか」をすごく気にする人がいるのですが、正しさにこだわりすぎるのも考えものです。

もちろん正しいに越したことはありませんが、「自分で考え、納得する」ことで、自分の頭に定着させることのほうが大切です。誰に話すことでもないので、間違っていたと気づいたときに正せばいいのです。

このような、ある意味で「いい加減な姿勢」は、本書を通じてとても大切になってきます。ぜひ覚えておいてください。

では、「原因探し」の具体例を見ていきましょう！

「原因探し」の具体例

1 unite＝統一

STEP1 「unite」「統一」「uni」

STEP2 「uni」って何だろう？

STEP4 uniは「1つ」という意味。それが派生して、「統一する」という意味

プチ「日常の解像度」トレーニング No.05

Q. 「パーティー」という言葉。みんなで集まって騒ぐ宴会のことを指すこともありますし、ゲームなどで1つの団体を指して「パーティーを組む」なんて言ったりします。では「パーティー」って、元来はどういう意味なんでしょうか？

になっている。

2 termという英単語には、「期間」「関係」という意味がある

STEP1 「term」「期間」「関係」

STEP2 「期間」「関係」って、全然違うものに見えるけど、なんでこの2つが同じ英単語で表現できるの？

STEP3 そもそも「term」ってどういう意味があるんだろう？

STEP4 termは、「範囲の限定」というのがもともとの意味。それが派生して、「時間」を限定すると「期間」に、「人と人との間柄」を限定すると「関係」になる。

3 真面目な人を「まめな人」と表現する

STEP1 「真面目」「まめ」

STEP2 「まめ」ってどういう言葉なんだろう？

STEP4 「まめ」というのは、僕らが知っている「豆」のことで、「小さいこと（豆）にも真摯に取り組む」から真面目という意味になったらしい。

プチ「日常の解像度」トレーニング No.05

A.「パーティー」は「part」という英単語から来ています。partというのは「全体に対する一部分」のことを指しており、「このパート（部分）は彼が担う」なんて使い方をします。そこから派生して、「多くの人の中で一部の人が集まる」から宴会、「多くの人の中で一部の人だけでチームを組む」から団体のことを指すのです。

４　日本では最近、太陽光発電が進められるようになった

ＳＴＥＰ１「太陽光発電」。また、「最近」という言葉を分解して、具体的にいつからなのかを探ってみる。

ＳＴＥＰ２「太陽光発電ってどういう発電なんだろう？」「２０１１年から増えてるけど、２０１１年はどういう年だったんだろう？」

ＳＴＥＰ３「そもそも発電って、どんな発電があるんだろう？」

ＳＴＥＰ４「２０１１年に東日本大震災があって、原発の事故で原子力発電が難しくなってしまった。発電には火力発電や水力発電など多くのものがあるが、太陽光発電はクリーンエネルギーであり持続可能なので、２０１１年以降注目されている」

「原因探し」の５ＳＴＥＰ、イメージできましたか？　では、実際にチャレンジしてみましょう！

「原因探し」をやってみよう！

【問題】

Q1 なぜ、「culture＝文化」なのか？

Q2 「fine」には「素晴らしい」「罰金」という2つの意味がある。これはなぜ？

【答え】

A1 cultureというのは、「耕す」という意味。人の精神を豊かに「耕す」ものだから、文化という。

A2 fineは「境界線」という意味。境界が定められて、「これ以上ない！」のが「素晴らしい」で、境界を決めて「ここから先は揉めないってことでよろしく！」というのが「罰金」となる。

東大思考
Point9

「原因」は具体的なものから考え、少しずつ抽象化していく

3 関連づけで、一度覚えたことは「絶対に忘れない」：原因思考②

「関連づけ」で、記憶の棚に整理する

さて、「原因探し」ができるようになったら、次は「関連づけ」です。「関連づけ」とは何かというと、すごく単純な話で、これは「情報の整理」のことを指します。

先ほど僕は、「すべての物事には原因がある」と言いました。このとき、同じ原因で違う結果になっているものもあるはずです。

「uni＝1」だから、ユニットになっているし、ユニフォームにもなっている。1848

プチ「日常の解像度」トレーニング No.06

Q. 「uni＝1つ」がつく言葉を、思いつくかぎり挙げてみてください。

年にアメリカが西海岸に着いたから、フォーティナイナーズというチームができたし、その4〜5年後にペリーが日本に来航できた。

このように**「理由が同じもの」を整理すること**が、「関連づけ」です。

・関連づけると、物事をたくさん覚えられるようになる

関連づけによって、物事は覚えやすくなります。

たとえば「unite」と聞いたときに、「あ、何か日本語でも『ユニット』っていうよね」とか「ユニフォームとか、ユニバーサルとか、そういう他の言葉で聞いたことあるなぁ」と考えることができますよね。そういう人は、「unite」という英単語を簡単に覚えられると思います。

なぜなら、**そこにはもう「uniの棚」ができている**からです。

先ほど僕は、「記憶力がいい人は、下着なら下着、TシャツならTシャツの引き出しをつくって、そこに整理して情報を入れておくことができる」という話をしました。

この場合、関連づけられる人はもう「uni」という棚ができているわけです。その中には、「uni」のつく言葉がたくさん入っていて、「unite」もその中の情報と同質なものとして管理

プチ「日常の解像度」トレーニング No.06

A.「unity」統一(1つになったもの)、「unify」統合する(1つにする)、「uniform」均一の(制服のこと。みんな同じという意味)、「uniformity」統一性(みんな同じになっているからいいよね、という意味)、「universe」宇宙(すべてが1つになったもの)、「universal」普遍的な(みんなが一緒のところに行く、万人に共通するもの。ユニバーサルスタジオですね)、「union」組合(1つに集まるということ)、「reunion」再会、同窓会(2つ以上に散らばっていたものが1つに集まる)、「unisex」男女共用の(sexが性で、uniが1つだから「性が同じ」ってことです)。

することができる。そうすると、覚えやすいし、忘れないのです。

これこそが、関連づけです。**先ほどの「原因」が棚に貼っておくラベルであり、その結果として生じるものをすべてその棚の中に入れることを「関連づける」と言う**のです。

でもそのためには、先ほどの「原因探し」をきちんとやっておく必要があります。

たとえば「uni＝1」というラベルが自分の頭の棚にきちんと貼ってあるからこそ、「unite」をその中に入れておくことが可能になるのです。逆に「uniが何なのか」を知らない状態では、「uni」を使って関連づけることは難しいです。

もしかしたら、「uniって言葉、他でも聞いたことあるな」となるかもしれませんが、「uni」がどういう意味なのか知らない状態では、いつまでも「似てるなぁ」で思考が止まってしまいます。

それではいつまでたっても、丸暗記をしてクローゼットの中にものを突っ込んでいるだけなのです。

東大生は、頭がよくて記憶力がいいから多くの物事を暗記できるのではありません。**こ**

の「棚をつくる能力」が優れているのです。

普段からさまざまな言葉やニュースに対して「なぜ？」を向けているからこそ、もう棚ができているのです。「unite？ ああ、uniの棚だな」「ペリー来航？ ああ、アメリカってこの時代こんなことやってたもんな」と、あらかじめ棚ができていたり、勉強している中で多くの棚をつくったりしているからこそ、多くの物事を暗記できるのです。

記憶力がいいのではなく、**1つの「原因」に対して複数の「結果」を「関連づける」ことができるからこそ、多くの物事を覚えられる**のです。

・「本質」を理解すれば覚えることはほとんどない

さて、みなさんは「数学」という教科は得意でしょうか？ または、不得意だったでしょうか？

僕はもう、マジで苦手でした。ホント、アレルギーなんじゃないかってくらい嫌いでした。テストで0点を取ったこともしばしばでした。

一方東大は、文系であっても数学の点数が高くないと合格できません。どうあがいても数学からは逃げられないのです。

しかたなく勉強を始めた僕は、数学という科目は覚えることがめちゃくちゃたくさんあることに気がつきました。

「加法定理」や「三平方の定理」や「チェバの定理」やら、わけのわからない公式がたくさん存在していたのです。

それを必死に丸暗記して、テストで使えるように努力する……そんな毎日を送っていましたが、成績は全然伸びませんでした。

困った僕は、数学が得意な東大志望の友達に聞きました。「なあ、数学ってめっちゃ覚えること多いじゃん？　どうやって勉強しているの？」と。

すると友達は、キョトンとした顔でこう言いました。「は？　数学ってそんな覚えることなくない？」と。

「ええ、何言ってんだよ、こんなにたくさんの公式があるじゃないか！」と言うと、彼は言うのです。

「え、全部覚える必要まったくないじゃん。**『なんでその公式が成り立つのか』さえ理解しておけば、覚えることなんて本当に少なくてすむよ**」と。

そのときになって僕は、**自分が「結果」のみを覚えていたことを理解しました**。「結果」としての公式を100個、無理に丸暗記しようとして失敗していたわけです。

経済は地理から学べ!

地理という学問は、「地上の道理」だと言われています。「地」球上の多くの現象に、地形や気候、人口や産業などの「理」由をつけていく。これこそ、「原因思考」です。本書は、地理的思考から現在のさまざまな国際情勢・ニュースを見る「切り口」を教えてくれる1冊です。
宮路秀作著　ダイヤモンド社

でも、数学が得意な彼は丸暗記なんてほとんどしていなかったのです。「原因」を探して、その「原因」をさまざまな結果に結びつけることで、１００個の公式を覚えていたのです。

三角比とはどういうものなのかを理解していれば、サイン、コサインも加法定理も何も、無理に覚えなくていい。でも、サインだのコサインだの加法定理だのの「結果」だけを見ていた僕は、三角比がどういうものなのかを全然理解できていなかったわけです。

つまり、彼は**「本質的な理解」**をすることで、数学で暗記すべきものを少なくしていたのです。

「本質」という言葉はＣＨＡＰＴＥＲ５のテーマになるので、ここでは詳しくはお話ししません。

ここでみなさんに理解していただきたいのは、僕たちが「たくさん覚えなければならない」と思っているものでも、実は**「原因」とつなげて考えれば覚える必要がないかもしれない。そうすれば、覚える量は少なくてすむかもしれない**ということです。英単語４０００語も、将棋の盤面３０００パターンも、実は暗記量が多いとは限らないのです。

最小の努力量で、最大の結果を出す。そのために必要なのが、今からご紹介する**「関連**

づけ」なのです。

東大思考
Point 10

さまざまなことを「関連づけ」れば、覚える量を減らすことができる

「関連づけ」の5STEP

それでは、関連づけの具体的なＳＴＥＰを説明していきましょう。

・STEP0　ラベル探し：先ほどの「原因探し」で「原因」を探す

「uni」が「１」だとか、「まめ」が「豆」だとか、「１８４８年」が「アメリカが西海岸に到達した年」だとか、そういうものを探してみましょう。

・STEP1　ラベル貼り：ノートを用意し、いちばん上に「原因」を書く

ノートやメモ帳を用意して、

プチ「日常の解像度」トレーニング　No.07

Q. アートネイチャーは、植毛を専門に行っている会社です。かつらをつくったり、人工的な髪を植毛したりしているわけですが、「アート」は芸術、「ネイチャー」は自然。「芸術の自然」と言われても、ピンときませんよね。なんでこの会社は「アートネイチャー」なのでしょうか？

「uni＝1」

「まめ＝豆」

「1848年＝アメリカが西海岸に到達した年」

と、いちばん上に書きましょう。

・STEP2　関連探し1：「原因」から派生する「結果」を探す

「uni＝1」という原因が「unite＝統一する」という結果を招いたように、他にも「uni＝1」から派生する言葉があるはずです。それを調べて探してみましょう。

・STEP3　関連づけ：「原因」と「結果」をつなげる

STEP2で「ユニフォーム」を探し当てたとしても、それがどのように「uni＝1」と結びつくのかはわかりません。どのように原因と結果を結びつければいいのかを、しっかり調べて、考えて、言葉にしてメモ書きをしてみましょう。

【uni＝1つの　form＝姿、形】↓「1つの形の服をみんなで着て、多くの人が1つの姿になる」といった具合です。

プチ「日常の解像度」トレーニング　No.07

A.実はアートは「芸術」だけではなく、「人が行うことすべて」「人為」のことを指します。絵を描いている人以外にも、本を書く人もカメラマンも「アーティスト」です。フィギュアスケートの選手を「氷上のアーティスト」と呼んだりしますよね。アートは実は、「自然＝ネイチャー」の反対語なのです。だから、「アートネイチャー」は相反する2つの言葉をくっつけたものであり、「人工で自然なものをつくり出す」というのが正しい訳になります。人工の髪を、技術の力でなんとか自然なものにする……そういう思いが込められた素晴らしい企業名なんです。

・STEP4　関連探し2：そのノートを取っておき、他の「結果」を常に探し続ける

その場では思いつかなかったとしても、「uni＝1」から派生した言葉があるはずです。街を歩いていてふと、「ああ！　ユニバーサルも『uni』じゃん！」と結びついたら、それをノートにどんどん追加していくのです。

「関連づけ」の具体例

1　uni＝1

・unite＝統一する「複数のものが1つになる」

・uniform＝制服「1つの種類の服をみんなで着て、多くの人が1つになる」

・universal＝普遍的な「多くの人が1つの考えで統一されている」

2　fine＝素晴らしい、罰金

境界が定められて、「これ以上ない！」っていうのが「素晴らしい」で、境界を決めて「ここから先は揉めないってことでよろしく！」っていうのが「罰金」

・define＝定義する（de＝はっきりと。はっきりと、境界線を決める）
・infinite＝無限の、infinity＝無限（in＝無。境界線がない→無限）
・confine＝閉じこめる（con＝完全に。完全に境界が定められる＝閉じこめる）
・final＝最後（al＝のような。「境界線のような」というのはつまり、終わりということ）

3　まめ＝豆「真面目」

・まめな人＝真面目な人（豆のような小さなことにもきちんと取り組む人）
・まめまめしく＝甲斐甲斐しく（とっても真面目に、という意味）
・まめまめし（古典単語）＝実用的（真面目でおふざけがない状態）

4　17世紀は異常気象による経済危機の時代だったため、各地で戦争や反乱が多発した

・イギリス：ピューリタン革命
・ロシア：ステンカ・ラージンの乱
・フランス：フロンドの乱

・スペイン：カタルーニャの反乱

「関連づけ」をやってみよう！

【問題】

Q1 なぜ、日本の主食は米なのか？

Q2 インドカレー屋さんでは、なぜナンが出てくるのか？

Q3 スーパーマーケットのスーパーって何？「超素晴らしい市場」ってこと？

【答え】

A1 米は降水量の多い地域で栽培可能。カロリーが高く保存が利く作物なので、降水量が多い日本でもつくられている。

↓日本以外にも、降水量が多いアジアの国々では主食が米になっている。

A2 ナンは小麦粉でつくられている。インドは降水量が少ない地域があり、米ではなく小麦粉が主食の地域が多いから。
↓インドでは小麦や綿花などの、乾燥地帯でも栽培可能な作物が多くつくられている。

A3 スーパーは「super→superior」という英単語であり、「～よりも優れている」という比較した上での優位性を指す。だから「伝統的な市場よりも優れている市場」が「スーパーマーケット」の意味。
↓「superior」という英単語の意味は「～よりも優れている」であり、「他と比べてもいちばんいい」が派生して「素晴らしい」という意味で使われている。

東大思考
Point 11

日常生活の中で、さまざまな知識を常に「関連づけ」る

THE UNIVERSITY OF TOKYO
THINKING TECHNIQUES

CHAPTER 2

上流思考で「難しいことを超わかりやすく要約」できる

——東大生は「物事の背景」から考える

1 東大生は、最初に「物事の背景」をキャッチする

頭がいい人は「情報の整理」がうまい

・複数の情報を整理して、1つにまとめる能力

さて、ＣＨＡＰＴＥＲ１では「記憶力がいい」人のことを指して「頭がいい人」だとお話ししました。そして、記憶力がよくなるテクニックをご紹介しましたね。

でも、「頭のいい人」というのは、記憶力のいい人のことだけを指すわけではありません。たとえば、複雑な出来事やニュースを「要するにこういうことだよ」と説明してくれる人って、頭がいいと思いませんか？　このような**「一言で物事をまとめる力」も、頭のいい人の特徴**として挙げられますよね。

先ほど僕は「東大生がいちばん口にしている言葉は『なぜ？』である」という話をしましたが、2番目は**「要するに」**でした。

実際に東大生と話していると、「要するに」という前置きで、話をうまく整理してくれることが多いのです。また、1冊の本を読んだ後で、「この本は要するにこういうことだったんだよ」と、一言で説明してくれる人もいます。

CHAPTER2ではこの能力、すなわち**「情報を一言でまとめる『要約力』」**についてお話ししたいと思います。

要約とは、説明が長い物事や文章の「大事なところ」のみを残して他を削ぎ落とし、短い言葉で説明することです。この能力のことを「要約力」と呼ぶわけですが、実はこれも記憶力と同様に「日常の解像度」を高めることで鍛えられるのです。

・要約力は、頭のよさを測る指標だ

古今東西、**「要約力」は頭のよさを測る重要な指標**だと考えられてきました。

みなさんも、国語の問題などで「この文章を言いまとめている選択肢を1つ選びなさい」とか「次の文章を要約しなさい」という設問を見たことがありますよね？　これは小学生のテストでも、東大の入試でも出題されている、非常にポピュラーな問題です。

また東大は、国語以外にも「この日本史の資料を要約しなさい」「17世紀の世界について要約しなさい」「この時代のイギリスの外交について要約しなさい」といった要約力を問う問題を多く出題しています。

「要約力」＝「頭のよさを測る指標」という考え方は、広く浸透しているものなのです。

では、いったいなぜ要約力が頭のよさを測る指標なのでしょうか？

それは、**要約が「情報の取捨選択」をする行為**だからです。

たとえばみなさんがぶ厚い本を読んだとします。何百ページにもなるその本の内容を、すべて覚えていることはできるでしょうか？

多分、不可能ですよね。これは東大生であっても同じです。「記憶力は、クローゼット

が大きいことではない」という話をしましたが、こんなことは誰にもできません。

でも、東大生は事実として、何百ページにも及ぶ教科書の内容を覚え、何千ページもの論文を読んで研究を行っています。いったいなぜ、こんなことが可能なのでしょうか？

その答えこそが、要約力なのです。**「ここが大切なんだな」というポイントを理解し、その点だけをピンポイントで覚えている**からこそ、何百ページもの本の内容を覚えることができるのです。

要は、**無意識のうちに重要なところにマーカーを引く能力が高い**のです。

・東大生は、キーワードを探して本を読むから、速読もできる

CHAPTER1で、数学の話をしました。100個の公式を覚えるのではなく、ひとつの本質を覚えることで100個の公式を理解することができる。そういう思考を身につけているから、東大生は数学ができるんだ、と。

まさにそれと同じで、**覚えるべき「ひとつ」を探す能力が「要約力」**なのです。

これは、速く本を読む力にもつながっています。東大生の多くは速読の使い手で、英語の文章だろうが日本語の文章だろうが、ザッと速く読むことができます。

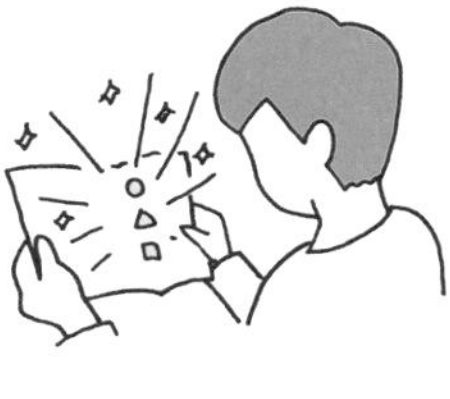

その能力をリサーチしてみると、彼らの多くは、**「キーワード」を探して本を読んでいる場合が多い**のです。「これは、このキーワードについて書かれた文章だな」「ならこのキーワードの周辺を読んでいけば、自ずと著者が言いたいことも見えてくるだろう」。

そんなふうに、その文章において大切になるキーワードを探し、その部分を重点的に読み、それ以外の部分を切り捨てているからこそ、速く本を読むことができるのです。

この本にはあらかじめマーカーが引いてありますが、試しにこのマーカーが引いてある部分の周辺だけを読み返してみてください。おそらく、どんな内容が書いてあるのか、すぐに復習できると思います。**頭のいい人は、このマーカーを自分で勝手に引く「目」がある**わけです。

東大思考
Point 12

要約力とは、本当に大切な「ひとつ」を探す能力のこと

プチ「日常の解像度」トレーニング No.08

Q. 食べ物のことを「食料」と言います。でも、「食糧」という漢字も見たことがありますよね。両方「しょくりょう」と読めますが、これってどこが違うのでしょうか？

東大生はいつも「そもそも」を考える

・みんなが見ていないポイントを見る

「えー、ってことは、その『目』がない自分たちは、いつまでたっても要約できないってこと？」

そうお考えの人もいるかもしれませんが、そんなことはありません。実はこの「目」は、**「日常の解像度」を上げることで養えるもの**なのです。

どうすればキーワードを見つける「目」を養えるのかと言えば、答えは単純明快。**見るポイントを変えればいい**のです。ものの見方1つで、いとも簡単に要約できるようになります。

これは比喩でもなんでもありません。本当に東大生は、**みんなが見ないようなところを見て要約力を高めている**のです。

たとえば歴史の教科書。多くの受験生は、本文を読んで「なるほど、ナポレオンはこんなことをしたのか！」「ふむ、1600年に関ヶ原の戦いがあったのね」と、テストに出

プチ「日常の解像度」トレーニング　No.08

A.主食のことを「食糧」、それ以外の食べ物のことを「食料」と言います。「食糧」とは、生きる「糧」になる、これがないと人間が生きていけない、そういう食べ物のこと。お米や小麦などの主食に対して使われる言葉なのです。だから本当に食べるものがないことを「食糧難」と言い、スーパーの普通の食べ物売り場を「食料品コーナー」と言います。「食糧品コーナー」だったら、日本ではお米だけが売っている場所になるわけですね。

そうなところにマーカーを引いて勉強しています。

しかし、東大生は違います。歴史の教科書には、各章のはじめに「その時代の背景」が書いてあるページがあります。「古代ローマというのは、こういう時代です」「江戸時代には、こんな背景があります」と、試験に出るような具体的な事項は載っていませんが、それらの前提となる**「背景」**が書いてあるのです。

東大生はみんな、ここを熟読します。普通なら「なんだ、ここには大事なことは1つも載ってないじゃないか、それよりも覚えなきゃならないところに線を引かないと!」と読み飛ばしてしまう、そんなところをしっかり読んでから、本文に入るのです。

これは、歴史の教科書に限ったことではありません。東大生は、教授の話を聞く前に教授がどんな人なのかを調べ、学問の勉強をする前にその学問の生まれた経緯を調べ、ビジネス書だろうが漫画だろうが、まずは表紙や帯・目次を読んでその本がどういう本なのかを調べます。

つまり、**具体的な内容に入る前に、前提・背景を調べる**のです。教授の話の中身、本の本文に入る前に、そこに至る前の**「上流」の部分を知ろうとする**のです。

プチ「日常の解像度」トレーニング No.09

Q. 中世ヨーロッパで起きた「魔女狩り」。最盛期は17世紀と言われています。なぜ17世紀なのでしょうか?

・東大生は、上流を見ることで本質に至る

もっと具体的に、東大生が何を見ているのか考えてみましょう。

たとえばペリー来航。ＣＨＡＰＴＥＲ１では「じゃあ１８５３年には何があっただろうか？」と具体的に原因を探る思考法を紹介しました。１８５３年に世界で起こっていたことや、その前後に発生した事件と関連づけることで、その出来事の「原因」を探ることができるということも説明しましたね。

しかしそもそも、19世紀ってどういう時代だったのでしょうか？　**より大きな視点に立つと、何か違うものが見えてくる**かもしれません。

１８５３年の前後に世界で起こっているイベントを調べてみると、「１８５１年の第１回ロンドン万国博覧会」という出来事を見つけることができます。今にも続く、万博ですね。

万博とは、ざっくり言うと、自国の経済力や産業力を見せて「見て！　俺らこんなに繁栄したんだよ！」と人類の繁栄をアピールするイベントです。

つまり、19世紀半ばの時代には、欧米列強は工業力を持ち始めていたのです。産業が急激に発展する産業革命も、18世紀から19世紀半ばにかけてのこと。どの国も黒船がつくれ

プチ「日常の解像度」トレーニング No.09

A. 17世紀のヨーロッパは、異常気象や経済の停滞によって「危機の時代」を迎えていました。だからこの時期には、多くの地域で戦争や農民反乱が多発しています。人々の不安感が最高潮に達したことが、魔女狩りの隆盛につながったのです。これを知っておくだけで、さまざまな戦争や反乱がいつごろ起こったのかを覚えておくことができます。

るくらい、他国に工業製品を売れるくらいに発展していたわけです。

だからこそ、その工業力でつくられたさまざまな製品を、いろんな国に買ってほしかった。それが、日本に開国と自由な貿易を要求するに至った背景です。時代の流れがその方向に向いていて、その流れの中でペリー来航が行われたわけです。

こう考えると、**単純な「原因と結果」では説明がつかない「背景」が存在している**ことがわかります。物事をより深く理解し、重要な情報を抜き出す「要約」を行うためには、この「背景」を理解する必要があるのです。

「ペリー来航」のページを読むだけでなく、「そもそも19世紀ってどんな時代だったのか」に目を向けないと、何が重要な情報なのかがわからなくなってしまうのです。

要約と言っても、東大生がやっていることは非常にシンプルです。

- 具体的な中身に入る前に、それに至る「流れ」を理解する
- その「流れ」の中で、具体的な中身がどのように位置づけられるかを考える

ニュースの"なぜ?"は世界史に学べ
ニュースの"なぜ?"は日本史に学べ

日々のニュースを、日本史や世界史の文脈から理解できるようになる本。ロシアがクリミア半島に侵攻したと聞いて「昔もそんなことあったな」。金正恩の話を聞いて「そもそも北朝鮮という国はどういう成り立ちか」。そんなことを思い起こせるようになる本です。
茂木誠著　SB新書、伊藤賀一著　SB新書

・この2つのプロセスの中で、重要なポイントを探し、ラインマーカーを引くかのようにその点を重点的に見て、覚え、まとめる

これこそが、東大生が要約をする際にやっているプロセスです。

東大思考
Point 13

すべての物事にある「背景」に目を向けよう!

2 流れ探しで「超わかりやすい要約力」が身につく:上流思考①

「うーん、何となくわかったけど、具体的にはどうするの?」

その答えが、ここからご紹介する**「上流思考」**です。

目の前の出来事には、必ず「上流」がある

・すべての物事は下流で、上流がどこかに存在する

みなさんは、川に行ったことがあるでしょうか？　僕は川が好きでよく遊びに行くのですが、川ってなかなか面白いんですよね。

日によってぜんぜん姿が違うんです。水が濁っている日もあれば、澄みきっている日もあるし、魚が多い日もあればぜんぜんいない日もある。

でも、なぜ姿が変わるかは、僕らが見ている部分だけでは説明がつかないのです。

なぜならば、僕らが見ている川には上流があるからです。川は上流から流れてきます。上流で雨が降ったり、天気が荒れたりすれば、下流も濁ってしまいます。天気がよく上流の水が綺麗なら、下流の水も澄みきるのです。

このように、その川を理解しようと思うなら、今見えている下流だけでなく、上流を考えなければならないのです。

CHAPTER1では、「すべての物事は結果で、原因がどこかにある」という話をし

プチ「日常の解像度」トレーニング　No.10

Q. 日本の学校では「前ならえ」をして整列をするところが多いですが、実はこれって他の国ではあまり見られないものだそうです。この「前ならえ」って、何なんでしょうか？

ましたが、これと同じように**すべての物事は「下流」で、物事の背景には「上流」が隠れている**とも言えます。すべてのことに背景や前提が存在しているのです。

そして、**物事を要約する能力が高い人は、「上流」がどうなっているのかを把握する能力が高い**のです。

たとえば、みなさんは自己紹介をするとき、どんな情報を伝えるでしょうか？　自己紹介は、自分のことを要約して伝える行為に他なりません。どんな話をすれば、短い時間で相手に自分のことをわかってもらえると思いますか？

自己紹介の場で、「昨日こんな出来事があった」とか「具体的にはこんな仕事をした」とか、いくらたくさんの個別具体的なエピソードを語っても、自分のことはなかなか伝わりません。これらは「下流」の情報であり、いくら積み重なってもあなた自身の「要約」にはならないからです。

ではどういう自己紹介をするのか？　多くの場合、自己紹介って生い立ちを語りますよね。出身地がどこで、どういう経験をしてきたのか、そういう「自分がここに至った経緯」を話すと思います。

その中で、「こういう経験をしたからこういう思考をするようになった」「ここで育った

プチ「日常の解像度」トレーニング　No.10

A.実は日本の教育の多くは、第二次世界大戦前にその源流があります。「前ならえ」や「朝礼」は、軍隊で行われていたものを学校でも導入し、それが今でも続いていると言われています。文化や慣習は、意外なものが源流になっている場合があるのです。

からこそ、こういう仕事をしている」などがわかるようになっていきます。自分のことを要約しようとしたとき、結局行き着くのは生い立ちという名の「上流」なわけです。

もちろん、上流がそのまま要約になるわけではありません。「九州出身です！」だけでは要約になりません。

でも、その背景を理解すれば、要約ができるようになるわけです。「九州出身で、雄大な自然の中で熱意を持った友達に囲まれて育ったので、やる気なら誰にも負けません」と、**背景を説明することで、要約に必要な本質的な情報が整理できる**というわけです。

・世の中は「下流」だらけ

そう考えてみると、**この世の中は「下流」であふれています**。

たとえばニュースで「どこかの国の学校で生徒が射殺されました」と話題になったとします。その原因は「犯人が銃を乱射したから」だったとしても、それで説明が終わるわけではありませんし、それでは適切な要約にはなりません。

「銃の乱射事件」を下流だととらえると、上流は「誰もが銃を持つことができる社会」なのかもしれませんし、「移民の犯罪率の高さ」なのかもしれません。「A容疑者が起こした

こんな事件」と言うよりも、「銃社会で起こった事件」といったほうが要約としては適切で、人に伝えやすいし、その後も覚えておくことが楽になるはずです。

ニュース・記事・文章に自己紹介。この世は下流であふれていて、僕たちは上流を目にしないままで生きているのです。**東大生は、このことに普段から気づいていて、上流という背景を知り、「要するに」で考えようとしているからこそ、要約力が高い**のです。

東大思考
Point 14

あらゆることは「上流」をおさえることで適切にまとめられる！

「流れ探し」の4STEP

では、上流を探す「流れ探し」を実際にやってみましょう！「流れ探し」は、次の4STEPで実践できます。

翻訳できない世界のことば

言葉の定義をしっかりと理解することが大切である、と書きました。何気なく使っている言葉も、実は意味を語るのは難しく、また翻訳もできないかもしれない。そういう意識を持てるようになるのが本書です。言葉の意味に繊細になるには最良の1冊です。
エラ・フランシス・サンダース著　創元社

・STEP0　要約したい文章・背景が知りたい事項などを探す

本や文章の要約から始め、慣れてきたら身の回りのことで実践してみましょう。

・STEP1　言葉の定義探し：その言葉の定義をはっきりさせる

まず、**言葉の定義**から始めてみましょう。「名は体を表す」とはよく言ったもので、言葉の解釈は、上流に行き着くためのいちばんの近道です。

僕らは普段ぼんやりと言葉を使っていますが、文章にせよ人の話にせよ、その人がその言葉をチョイスしたのには何らかの理由があるはずです。そのチョイスの裏側を探るのです。

たとえば「世界史」についての文章だったら「世界史というのはどういう意味なのか、どういう定義なのか」を考えるのです。「九州出身」なら「九州というのはどういう地域なのか」、「主権国家体制が生まれた」なら「主権国家とはどういう意味か」を考えてみます。

遠回りに感じられるかもしれませんが、上流を探すには言葉の定義から始めるのが、結局のところ近道なのです。

プチ「日常の解像度」トレーニング　No.11

Q. さつまいもは「薩摩」の「芋」。やまいもは「山」の「芋」。では、じゃがいもの「じゃが」って何？

・STEP2　そもそも探し：「そもそもどうしてなのか」を探してみよう

「そもそも」の部分を考えてみます。より大枠で物事をとらえることで上流に行き着くことができます。

「アメリカが攻めてきた」なら「そもそもアメリカってどんな国？」と思考してみましょう。文章を読むときにも、「そもそも」とか「もともと」と書いてあるところには注目します。たとえば「そもそも社会学というのはどういう学問なのか？」と書いてあったら、その部分をしっかり読むようにしましょう。

なお、STEP1とSTEP2は、どちらかが実行できれば問題ありません。上流に至るためのポイントを探すための「問い」を立てられればいいからです。

・STEP3　流れ探し：その前に何があるのかを考えてみよう

STEP1、STEP2を踏まえて、上流にある情報をまとめてみます。

「世界史とはこういう学問だ」

「アメリカの成り立ちはこうだった」

ということをまとめてみるのです。ここでまとめた内容が、物事の背景になっている重要な事柄、すなわち「上流」なのです。

プチ「日常の解像度」トレーニング　No.11

A.実はこの「じゃが」も、地名なんです。ジャガというのはインドネシアのジャワ島、「ジャカルタ」のこと。ジャガイモは南アメリカ・アンデス地方が原産だと言われており、そこからヨーロッパに送られました。ヨーロッパの中でも貿易を積極的に行っていたオランダは、ジャカルタを拠点としており、そこから日本に伝わったイモが「ジャカルタイモ」。それが訛って「ジャガイモ」と、今の名前に落ち着いたというわけです。この流れを理解すると、原産地や世界史をより深く理解できます。

この上流がわかれば、次の「要約づくり」につなげることができます。

「流れ探し」の具体例

1

ＳＴＥＰ０　哲学。

ＳＴＥＰ１　哲学って何？

ＳＴＥＰ３　世界や人間についての根本的な本質を探る学問。

2

ＳＴＥＰ０　アメリカからペリーが来航した。

ＳＴＥＰ２　そもそもアメリカってどういう国？

ＳＴＥＰ３　もともとは１７７５年のアメリカ独立戦争に勝利したことで生まれた国。19世紀になってから領土を拡大し、１８４８年に西海岸に到着することとなった。

サピエンス全史

人類の歴史を「虚構」という切り口で「語り直した」1冊です。「虚構」という上流から、「歴史上のさまざまな出来事」という下流を語っています。それを踏まえた上で読んでみると、非常に勉強になると思います。

ユヴァル・ノア・ハラリ著　河出書房新社

3

ＳＴＥＰ０　タピオカミルクティーが流行っている。

ＳＴＥＰ２　そもそもタピオカって何？

ＳＴＥＰ３　キャッサバの根茎のデンプンからつくられたもの。タピオカミルクティーは台湾が発祥である。

4

ＳＴＥＰ０　アメリカ・ヴァージニア州で銃の乱射事件があった。

ＳＴＥＰ２　そもそも、なぜ銃の乱射事件が起こるのか？

ＳＴＥＰ３　アメリカは銃を持つことが規制されていない「銃社会」だから、民間人が簡単に銃を持つことができる。

「流れ探し」をやってみよう！

【問題】

次の事実の「上流」を探し、「流れ」をまとめてください。

Q1　フランス革命は世界史における大きな転換点となった。

Q2　ニンテンドースイッチが売れた。

Q3　日本は産業の空洞化が発生している。

【答え】

A1

STEP0　フランス革命は世界史における大きな転換点となった。

STEP1　「革命」って何？

↓支配されている側が、支配する側の権力構造を抜本的に変革すること。

プチ「日常の解像度」トレーニング　No.12

Q. 漫画や小説では、よく「ライバル」という言葉を見かけますね。日本語では「好敵手」なんて訳されるわけですが、英語では何のひねりもなく「敵」を指すことが多いようです。ライバルって、もともとどういう語源からきた言葉なんでしょうか？

「転換点」って何？
↓何らかの物事の移行や大きな変革のきっかけになるポイントのこと。

STEP2　そもそも「フランス革命」って何？
↓絶対王政を倒し、市民が主導となる共和制を実現した革命。

STEP3　それまでは絶対王政だったが、それが終わり、現代まで続く市民主導の市民社会へと移行するきっかけとなった歴史上の重大な変革。

A2

STEP0　ニンテンドースイッチが売れた。

STEP1　ニンテンドースイッチって何？
↓任天堂が発売したゲームのハード。

STEP2　そもそも「ゲームのハード」って何？
↓ゲーム機の機種のこと。個々の遊びが楽しめるゲームソフトに対して、そのソフトを遊ぶハードウェアのことを指す。

STEP3　それまでもいろいろなゲームのハードが発売されていたが、新しい

プチ「日常の解像度」トレーニング　No.12

A. ライバルの語源は「リバー（川）」だと言われています。昔は川の水を巡って争いが起きていたので、「川」＝「争いの種」のようなイメージがあったのだと思われます。そこから派生して、「ライバル」は単純に「敵」という意味で使われるようになりました。ちなみに「アライブ（arrive）」は「到着する」という意味ですが、これも「リバー」から派生した言葉だと言われています。「川の向こう岸に到着する」という意味だったのが広く使われるようになり、「到着する」になったそうです。

ハードであるニンテンドースイッチが売れている（もしかしたら、このゲームのハードに新しいポイントがあるのかもしれないと考えられるとGOOD！）。

A3

STEP0　日本は産業の空洞化が発生している。

STEP1　「産業の空洞化」って何？

↓日本の企業が日本から外国に工場を移転する結果、日本の産業が衰退してしまうこと。

STEP2　そもそもなんで外国に工場をつくるの？

↓外国のほうが人件費が安く、税制上のメリットもあるから。

STEP3　人件費・税制上のメリットが大きいので、日本から外国に工場を移転する場合が多い。

東大思考
Point 15

そもそも論で、物事の大枠をとらえよう！

3

要約づくりで「みんながうなずく説得力」が身につく：上流思考②

「要約づくり」で、上流と下流をつなげる

・上流と下流をつなぎ合わせる

「流れ探し」によって、川の「上流」を理解できるようになりました。でも、これで終わりではありません。

次は、当然ですがその上流と下流をつなげなければなりません。**上流と下流をつないだときに見えてくるものが、要約になる**のです。

どういうことか、わかりやすく説明します。

たとえば、みなさんは「スナック」ってどういうお菓子だかわかりますか？　ポテトチップスなどの袋に入ったお菓子のことを想像する方が多いと思います。でもこの「スナック」という英語を辞書で調べてみると、「軽食・間食・少量」と出てきます。

ここまでは、先ほどの「流れ探し」でやったことですね。これで「上流」はわかりました。そして僕たちはこれから、「スナック菓子」が実際にはどういう意味なのかを要約できるようにならなければなりません。

そう考えて、「下流」を見てみます。具体的な「スナック」と、先ほど調べた「軽食・間食・少量」とをどうつなげるかを考えるのです。

この場合、「スナック菓子」は「軽めで少量のお菓子」のことだと考えることができます。これで、スナック菓子は「軽めのお菓子」だと要約できます。

・つなぎ合わせる対象はいくつもある

しかしここで注意していただきたいのは、「つなぎ合わせる対象」によっては、全然違う要約ができることもあるという点です。

たとえば海外で「スナック」という言葉を使うとき。「スナックをください」と言うと、

プチ「日常の解像度」トレーニング　No.13

Q. 高知県と香川県の間では、とある「資源」がやり取りされています。高知県から香川県に、夏になると不足する「ある資源」が送られているのです。この資源とは、いったい何だと思いますか？

ハンバーガーやサンドイッチなどの軽食が出てくる場合があります。海外ではスナックというとお菓子だけではなく、こうした軽めの食事のことも指すのです。

これを、「上流」の「軽食・間食・少量」とつなぎ合わせて考えると、「スナック」は「軽食」なのだとわかると思います。

「日本のお菓子」とつなげたら「少量」で、「海外での使い方」とつなげたら「軽食」になりました。

先ほどの川のイメージで、もう少し詳しくお話しします。たとえば川には、1つの上流からいくつも派生して、たくさんの下流が存在するものがありますよね。**1つの上流が、1つの下流につながっているわけではない**のです。

僕は先ほど、産業革命（＝多くの国が工業化し経済発展をした）という上流が、ペリー来航という下流に結びつくと説明しました。

しかしそれ以外にも、産業革命という上流には、1851年の万国博覧会の開催や、工業化に伴う環境破壊、今も続いている労働問題など、さまざまな「下流」が存在しています。

1つの上流が、1つの下流につながっているのではなく、複数の川になっているのです。

プチ「日常の解像度」トレーニング　No.13

A.正解は、「水」です。香川県は降水量が少ないため、高知県にあるダムから水を引いているのです。この問題のポイントは、「資源」という言葉をうまく理解できているかです。資源とは「生産活動に使うエネルギー」のことで、鉱物や石油だけでなく、水や食糧も「資源」と言う場合があります。それがわかっていないと、「資源？　鉱石とかかな？」と考えてしまうのです。言葉って奥が深いですね。

・東大生は本の同じ箇所に線を引く

この考え方は、文章を読むときにも応用できます。

実は、本の要約や速読が得意な東大生たちはみんな、**本の同じところに線を引く**傾向があります。どこだと思いますか? それは、**本や文章の最初と最後**です。

なぜ「最初」と「最後」に線を引くのでしょうか。それは、どんな文章でも、

・なぜその文章を書くに至ったのか
・紹介する概念がいったいどういうものなのか

などを説明するところから始める場合が多いからです。哲学の本なら「哲学とは?」から始まるし、僕の本でも「はじめに」には**「この本を書くに至った経緯」**が書いてあります。

そして文章の最後には、

・この文章の結論は何なのか?
・この本を読んだ人には、どんなことをしてもらいたいのか?

といったことが書いてあるはずです。

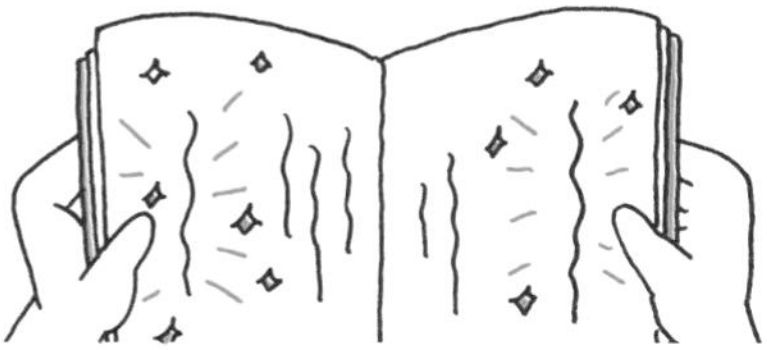

最初のところが上流で、最後のところが下流です。**この2カ所に線を引いておけば、後は「その2つをつなげる」ための中身が書いてあるだけです。**その間に書かれているのは、上流と下流をつなげる川なのです。

東大思考
Point 16

目の前の事象と「上流」をつなげば、「誰にでもわかる要約」になる！

「要約づくり」の4STEP

「要約づくり」は、次の4STEPでできます。

・STEP0　先ほどの「流れ探し」を完了させ、可能なら文章にしてメモしておく

すべての知識を「20字」でまとめる

情報を「20文字」というきわめて短い文字数でまとめるテクニックを紹介している本。『東大思考』でも何度も紹介していますが、短く言いまとめて相手に伝わる形にするのは非常に大切です。「要約づくり」がなかなかうまくいかない人は、この本を読んでみてください。
浅田すぐる著　SBクリエイティブ

・STEP1　上流探し：「流れ探し」の中で見つけた上流の中から、キーワードのみを抽出する

キーワードの中から、単語レベルで「大事そうなもの」を選んでみましょう。「アメリカ独立戦争」のような出来事でも大丈夫ですし、「本質的」「経済発展」のような言葉でも大丈夫です。複数選んでみましょう。

文章を要約するときは、上流の内容や、本のタイトル・目次・表紙から読み取れるキーワードを列挙しましょう。

・STEP2　つなぎ合わせ：そのキーワードと、要約したい事項がリンクする部分を考えて、つなぎ合わせる

列挙したキーワードについて、いろいろな角度から調べてみましょう。もっとも重要度が高いキーワードはどれかを考えてみたり、要約したい事項とつながる内容がないか、探してみましょう。

その際、きちんと文章として説明を書き出してみることが大切です。それができれば、要約にスムーズに移行できるはずです。

文章を要約するときは、文章の中で出てきたキーワードに線を引き、そのキーワードの

プチ「日常の解像度」トレーニング　No.14

Q. ご存じのとおり、日本はアニメや漫画、おもちゃや駄菓子などの「子どものための娯楽文化」が盛んです。これにはいったい、どういう背景があるのでしょうか？

周辺を読み込んで、キーワードを理解しましょう。

・STEP3　要約づくり：つながったキーワードを使って上流の説明をしつつ、事項を説明する

STEP1・2を踏まえて、説明を完成させてみましょう。「そのことについて知らない誰か」が読んでも理解できるレベルでキーワードを使った説明ができれば、要約としては完璧です！

このとき気をつけなければならないのは**「具体的な例」や「数字」を省くこと**です。要約は、あくまで「大切な情報のみ」を残さなくてはなりません。具体例ではなく、抽象的だけれど本質的な部分を抽出しないと、「目」を養うことはできないのです。

「要約づくり」の具体例

1

STEP0　産業革命においては、各国が技術革新によって工業化を果たし、資

プチ「日常の解像度」トレーニング　No.14

A.実は、この背景にあるのは「お年玉」と「お小遣い」です。欧米ではお小遣いは渡さず「欲しいものを言ったら親が買ってくれる」のが一般的なのに対し、日本では昔から子どもにお金を与えて、金勘定の練習をさせます。「お小遣い、どうやって使おうかな」と考えさせるわけです。これにより、子どもが本当に好きなものが売れる文化が生まれ、メーカーも「親のウケがいいもの」ではなく「本当に子どもが楽しいと思えるもの」を開発するようになった、というわけなのです。

本主義経済の進展の契機となった。

STEP1 「技術革新」「工業化」「資本主義」

STEP2 技術革新：蒸気機関などの技術によって大量の生産が可能になったことを指す。

工業化：工業製品がつくられるようになり、その製品を輸出するために各国はアジア諸国に貿易を求め始めた。

資本主義：金銭による経済活動を進展させていく活動。↓工業化によって余剰生産物が生まれるため、経済が回るようになった。

STEP3 産業革命によって、技術革新による大量生産が可能になり、それを輸出する自由貿易が進展した。それによって経済活動が活発化し、資本主義経済が進展するようになった。

2

STEP0 アメリカ・ヴァージニア州で銃を乱射する男が現れた。

↓アメリカは銃を持つことが規制されていない「銃社会」だから、民間人でも簡単に銃を持つことができる。これによって銃の乱射

プチ「日常の解像度」トレーニング No.15

Q. 時計は1周12時間、1ダースは12個、星座占いも干支も12種類、1年は12カ月、1日は12時間の2倍、1時間は60分で12の5倍。なぜこんなに「12」が頻出するのでしょうか。

事件が多く発生している。

STEP1　「民間人」「銃社会」「銃乱射事件」

STEP2　銃社会：銃が日常的に存在する社会のこと。日本では、民間人の銃の所有は法律で禁止されているが、欧米の多くの国々はそうではなく、特にアメリカは人口の約4割が銃を持っていると言われている。
銃乱射事件：銃社会においてたびたび発生する、銃による無差別の殺人・殺人未遂事件。アメリカでは毎年1万1000人以上が銃によって死亡しており、この数字は殺人と過失致死の合計件数の約3分の2に相当すると言われている。

STEP3　誰もが銃を持てる銃社会だからこそ起こってしまった銃乱射事件。

プチ「日常の解像度」トレーニング No.15

A.「12」がこんなに多いのは、「多くの数で割り切れるから」と言われています。たとえば、10個のリンゴを3人で分けると、1個余ります。4人で分けようと思っても、2個余ってしまいます。割ることができる数が多いのは、数を数えたりその数を扱ったりする上でとても便利なのです。「12」は、2でも3でも4でも6でも割り切れます。これだけ多くの数で割れる数字は、19までの数の中には存在しません。だから「12」は非常に使い勝手がよく、こんなに多くの場面で使われているのです。

「要約づくり」をやってみよう！

【問題】

Q1　フランス革命→それまでは絶対王政だったが、それが終わり、現代まで続く市民主導の市民社会へと移行するきっかけとなった重大な歴史の変革。

Q2　産業の空洞化→人件費・税制上のメリットが大きいので、日本から外国に工場を移転する場合が多い。

【答え】

A1

STEP1　「絶対王政」「市民社会」

STEP2　絶対王政：国王が絶対的な権力を持ち、市民を支配する権力体制。
市民社会：市民が主導となって、市民の代表となる人物が統治する社会。

STEP3　「フランス革命とは、国王が権力を握る時代から、市民主導で統治

フライヤー

本の要約が載っているサイトです。実際に本を読んでからこのサイトで要約を確認し、「ああ、たしかにこういうふうに説明されるとわかりやすいな！」と理解すると、説明もうまくなります。

https://www.flierinc.com/

される時代への転換点」

A2

STEP1　「人件費」「税制上のメリット」

STEP2　人件費：人を雇う際にかかるお金。雇用する際の賃金水準。先進国では高く、発展途上国では安くなる場合が多い。
税制上のメリット：国に対して企業が支払う法人税をはじめとするさまざまな税金が安くなるなどの優遇措置が受けられること。

STEP3　「産業の空洞化とは、外国のほうが安く人を雇える上に税金も安くなる場合が多いので、外国に工場などを移転する企業が増えて、日本の産業が低迷すること」

東大思考
Point 17

要約では「具体的な例」や「数字」を省き、抽象的で本質的な部分だけを残す

THE UNIVERSITY OF TOKYO THINKING TECHNIQUES

CHAPTER 3

目的思考で「どんな人にも必ず伝わる説明」ができる

——東大生は「何のために」を明確にする

1

東大生は、自然と「相手に合わせた説明」をしている

記憶力と要約力。ここまで、頭のいい人が優れている2つの能力を紹介してきました。

この2つは、社会に出てから実践的に役に立つというより、学問的というか、勉強で役に立つものという感じがしますよね。

そこでCHAPTER3では趣向を変えて、社会で実践的に使うことになるスキル、「説明力」についてご紹介したいと思います。

頭がいい人は「説明力」が優れている

・「話をする」とは「自分が考えることを説明する」こと

みなさんは、人がどういうときに「説明」をしているかわかるでしょうか？

僕たちは自分が考えるよりも多くの場面で、人に何かを説明しています。たとえば単純に、誰かに仕事の説明をしたり意見を伝えるときには、説明をしていますね。「ここはこうやって……」「これってこうだから……」と。

プレゼンもそうです。自分の頭の中にあることをプレゼンするときも、見方を変えれば説明をしていることになりますよね。自分が考えたことを誰かに伝えるという行為は、説明と言い換えてもいいはずです。

要するに、実は「説明」って、「話をする」ことそれ自体と言ってしまってもいいのです。誰かに何かの話をするときはいつでも、自分が考えたことを説明しているのです。

「話のうまい人」は頭がいいイメージがありますよね？　口が回って、自分の考えをすぐに話せる人は、側で見ていて「ああ、この人は頭の回転が速い人なんだなぁ」と感じると思います。

「話がうまい」というのは「説明がうまい」ということ。そう考えると、**頭のいい人は説明力が優れていると言える**はずです。

ちなみに東大生にも話が面白い人が多いです。「勉強ばっかりしてきていて人となかなか話せない」イメージは完全な偏見で、コミュニケーション能力の高い人が多いのです。

やはりそれは、人に何かを説明する能力が高いからだと言えるでしょう。

東大思考
Point 18

「話がうまい」人は、「説明力が高い」人である

頭のいい人は「相手が知っていること」に関連づけて話す

・説明力が優れている人の特徴とは？

さて、では「説明力」は、いったいどうやったら身につくのでしょうか？

これはもう、ここまでこの本を読んだ読者のみなさんなら、おわかりですよね？　そう、これも**「日常の解像度」**の違いで説明することができるのです。

そもそも説明がうまい人、話がうまい人は、何が優れているのでしょうか？　何が優れているから、相手に物事を理解させることができるのでしょうか？

話がうまい人と言われて、僕は真っ先に思い出す人物がいます。

スティーブ・ジョブズ。プレゼン1つで、スマートフォンという、まさに「世界を変えた」機械を売りまくった人物です。彼の説明を聞いて、世界中の人がスマホを買うようになったのです。

ではなぜ、スティーブ・ジョブズのプレゼンが優れていたのか？　その答えは、**彼がついた「嘘」**にあります。

その「嘘」は単純明快。彼はスマホを「携帯電話だ」と言ったのです。

スマホは携帯電話の機能も有してはいますが、それが本質ではありません。みなさんだって、スマホの電話機能だけを使っているわけではありませんよね？

インターネットで検索して、アプリを使って、ゲームをして、メールをして……。**スマホは実は、「ＰＣ」です**。コンピュータを小さくして持ち歩き可能にしたものこそが、スマートフォンなのです。

それを、ジョブズは「携帯電話だ」と言った。これはなぜかと言えば、**「携帯電話」が多くの人にとって「すでに知っているもの」だったから**です。

「パソコン？　なんで小さくする必要があるの？」と多くの人が考える中で、「携帯電話なのか！　だったら俺、今度買い換えようと思ってたんだ」と、携帯電話の代替物として多くの人が買うようになったのです。そしてその便利さに釣られて、スマホは世界的に大流行していったのです。

・「相手の既知」と自分の説明を結びつける

人間は「まったく新しいもの」は理解できません。ある程度想像がつく、「自分たちの知識の範囲内にあるもの」なら理解できますが、**想像がつかないほどに自分と距離のある事柄は理解できない**のです。

だから、スティーブ・ジョブズはスマホを「携帯電話」だと説明し、そしてそれが理解されて今に至ったというわけです。

では、最初の質問に戻りましょう。説明がうまい人は、いったい何が優れているのか？

プチ「日常の解像度」トレーニング　No.16

Q. 携帯電話の話が出たので問題です。世界では、生産された「鉛」の2.2倍の「鉛」が消費されています(2007年)。どうして生産量の2倍以上も消費することができるのでしょうか？

それは、**相手の「既知」と自分の説明とを結びつけること**なのです。

究極的に言ってしまえば、人は、自分が知らないことは理解できません。すでに理解していること以外は、どんなに人に説明されても、わからないんです。

説明のうまい人は、このことをよく知っていて、**相手の「既知」に合わせて物事を語ることができる**のです。

東大思考
Point 19

説明とは、相手の「既知」と物事を結びつけること

説明がうまい人は「たとえる力」が高い

・人間は、知っていることからしか未知を理解できない

人間には、新しい物事を理解する能力はほとんどありません。まったく聞きなれない分野、前提の知識がまったくない状態で物事を理解することなんて、絶対にできません。これは、どんなに頭がいい人でも同じです。

プチ「日常の解像度」トレーニング No.16

A.携帯電話を買い換えるとき、古い機種を回収されますよね？　あれは部品や鉱石を「リサイクル」して、新しい携帯電話をつくるのに利用するためです。つまり、一度使われた鉛を再利用して、新しい携帯電話をつくっているわけです。だから、生産された量以上に消費することができるんですね。

それでも、人間はどんどんいろんな知識をつけることができます。これはどうやっているのでしょうか？

それは、**「自分が知っている物事」とつなげて理解している**のです。

たとえば、CHAPTER1では、「unite」という英単語が「統一する」という意味だと説明しました。そのときに、「uniteはユナイテッド・ステイツのuniteだ」とか「他にuniを使った言葉にユニークとかユニフォームがある」とお話ししました。それをもとにして考えることで、「unite」という言葉を知らない人でも理解できるようになったはずです。

しかしこれが、ユナイテッド・ステイツもユニークもユニフォームも知らない人だったらどうでしょう？　このときはもう腹をくくって、「unite」を「統一する」だと丸暗記するしかありません。

または、「unite」と聞いてもユナイテッド・ステイツもユニークもユニフォームも思いつかない場合もあると思います。そういう場合もやはり、「unite＝統一する」と丸暗記するだけになります。

人が物事を理解するプロセスは、このように「既知」と「未知」を結びつけることによっ

て成立しているのです。

今知らないことは、自分の知っていることと結びつけて考えている。逆に言えば、自分の既知の情報と結びつかなければ、未知のものを受容することはできないのです。

それを考えないで物事を理解しようとしたり、人に説明しようとしても、そんなことははじめから不可能です。

・「理解力」は「既知と未知を結びつける力」だ

東大生は、未知の情報を自分の「既知」に結びつける能力が優れています。

教授の難しい話や前提知識のない分野の話を聞いても、「あ、それってこの話と似てるよね」とか「それに関連する話が、この前読んだ本に載っていた気がするな」と、自分がよく知っている話と結びつけて物事を理解しようとしているのです。

このように、**知らない事柄を「自分が知っている事柄」と結びつけて考えると、理解が格段に早くなります**。

たとえば、英単語を覚えるのが苦手な人は多いと思うのですが、東大生は英単語を覚えるときに、ある方法を使って理解することが多いです。

それは、和製英語や「身の回りのありふれた日本語英語」と結びつけて考えてみるという方法です。ＣＨＡＰＴＥＲ１では「カーネル・サンダース」から「カーネル」の話をしましたが、まだまだ僕たちは、知らないうちにたくさんの英語を使っています。たとえばバスや電車の始点・終点のことを「ターミナル」と呼びます。また映画「ターミネーター」は、みなさん知っているでしょう。

この2つに共通する英単語である「term」は、ＣＨＡＰＴＥＲ１で説明したとおり「範囲の限定」を原義とする言葉です。バスや電車で移動できる範囲を限定するものだから、「ターミナル」は始発と終着を指すのです。人類の歴史に終わりを告げることで範囲を限定するものだから、映画のタイトルは『ターミネーター』になったのです。

いかがでしょうか？　多分「term」と聞いてピンと来なかった人でも、この2つの言葉を知ればすぐに「わかった！」ってなりますよね？

「ターミナル」「ターミネーター」「ユニット」「スナック」「オーダー」「フリー」「エグジット」……日本人は、実は毎日１０００個以上の「英単語」に接していると言われます。東大生は新しい英単語を見たとき、「自分の身の回りで似たような言葉はないかな？」と探し、それによって理解を早めているのです。

まさに**日常の解像度の違いによって、東大生は他の学生よりも早く英単語を理解できる**

プチ「日常の解像度」トレーニング　No.17

Q. 「期間限定！」という売り文句につられて、つい買ってしまったことはありませんか？　「今だけ安い！」「今しか買えない！」と煽ってものを売っていることは多いですが、たしかに僕たちは、期間限定と書いてあると買いたくなりますよね。これはなぜなのでしょうか？

わけです。

・説明がうまい＝例がうまい

そして、これと逆のことをすれば、説明が上手になります。

自分が説明することは相手にとって「未知の情報」である。なら、既知のものにするためには「相手が知っている情報」と結びつけて語ればいい。そうすれば、相手もすぐに理解できるようになるのです。

まったく知らない人の名前を出されても、僕たちはその人のことを理解することはできません。「〇〇って奴がさ……」と話されても、「誰だよそいつ」となってしまうのです。でも、「〇〇って奴がいて、お前も知ってる△△とすごく似ててさ……」と話されたら、「へえ、あいつみたいな奴なんだ」と理解できると思います。

「colonel」がわからなくても「カーネル・サンダース」の説明をすれば、「term」がわからなくても「ターミナル」の説明をすれば、「スマホ」がわからなくても「携帯電話」の説明をすれば、みんなわかってくれるわけです。

プチ「日常の解像度」トレーニング No.17

A. 人間には、「選択肢が奪われること」に対して拒否反応を示す心理があると言われています。販売が期間限定ということは、後からその選択肢が選べなくなるということですよね。選べなくなる選択肢に対して、人は希少価値を感じ、つい選びたくなってしまうのです。「希少性の原理」なんて言葉で説明されるのですが、こういう心理があることは覚えておいて損はないかもしれません。

もっともわかりやすいのは、**「たとえば」**という説明の仕方です。

アインシュタインは子どもに自分の相対性理論を説明するときに「たとえば、君が好きな子と話す時間はたとえ1時間でも一瞬のことだと感じられるだろう？　それが相対性理論だよ」と説明したと言われています。

まさにこのように、相手にも理解しやすい説明をするためには、相手がわかりやすい「例」を出してあげるのがいちばんです。抽象的な物言いではなく、**みんな経験があるような具体的な例、難しい概念ではなく誰もが知っている簡単な例で説明する**のです。

このように、**説明のうまい人は、「例」がうまい**わけです。そして、頭のいい人は、例をすぐに思いつくことができるのです。

人から話を聞いて「つまり具体的に言うと、こういうことだよね」と返したり、人に何かを説明したりするとき「こういうことってあるじゃん？　これって実は、こういうことなんだよね」と例から説明してわかりやすく話をする。こういう能力が高いわけです。

まとめると、次のようになります。

- 人が物事を理解するためには、「自分の知っている知識」とつなげることが必要
- 人に物事を説明するときには、「相手の知っている既知の情報」と「自分の話したい未知の情報」をつなげる必要がある
- 「例」がその代表例で、たとえがうまければ説明がうまい

この能力を鍛えるための方法が、これから説明する「目的思考」です。物事の中から、「例」を見つけて説明できるようになるのが、この「目的思考」なのです。

東大思考
Point 20

相手にとって既知の情報を例に出して話すことで、説明がぐっとうまくなる

2

目的探しで「何を話せばいいか」が明確になる：目的思考①

手段ではなく「目的」こそ大切

ここからは「説明力」を身につけるためのテクニック、「目的思考」についてお話しするのですが、その前に1つ質問です。

目的の反対語は何でしょうか？

答えは**「手段」**です。何かを成したいという未来に向けた想いが目的で、それを叶えるための現在の行動のことを手段と言います。

目的思考とは、物事を「手段」と「目的」の2つに分けて考えることを指します。いったいどんな手段を取れば目的に近づけるのか？　今取っている手段はどんな目的を達成するためのものなのか？　そういう思考をすることが、この「目的思考」です。

・東大生は、「目的」が明確である

ここからの話は、一見すると「説明」と関係ないため、唐突に感じられるかもしれません。でも、後ほどつながってきますから、少しお付き合いください。

さて、僕は東大生がもっとも優れている資質は「目的意識」だと考えています。東大生は、目的をしっかり持つからこそ、結果を出すことができるのです。

「目的？ そんなの、他の人と差があるの？」と考える人もいるかもしれないのですが、**東大生は「目的」の解像度が全然違う**のです。

たとえばみなさんが東大に入りたいと思ったとして、まず真っ先に何をするでしょうか？ 勉強しますか？ 東大のことを調べますか？

この質問、東大生の回答はほぼ1つに絞られます。東大生のほとんどは、まず**東大入試で何点取れば合格なのか、どの科目でどれくらいの点数を取れば合格できるのかという目標設定**をします。

しかも、これが異常に細かい。「英語では75点取りたい。この場合、1aでは6点、1bでは8点、2aではちょっと苦しいけれど10点は取りたいよな。あと51点だから

「……」と、各科目の大問ごとに目標点数を設定して、「1aの要約問題で点数を取るためにはこの参考書が必要だな、よしやろう」と、目的に合わせて勉強するのです。

僕も東大に入って長いですが、これまで大問ごとの目標点数を決めていなかった東大生に会ったことはありません。みんながみんな、これをやっているのです。

頭のいい人は、日常生活のレベルから、目的の解像度が非常に高いです。「数学の成績を上げたい！」ではなく「次の数学の試験で偏差値を5、点数で言えば15点、微分・積分の分野で成績を上げたい」。「料理がうまくなりたい！」ではなく「1週間後に友達に料理を振る舞う会までに、5種類以上の料理を普通の水準でつくれるようにしたい」。

このように、**具体的で次の行動に落とし込みやすい目的を設定する**のです。

・目的が具体的になれば手段もわかりやすくなる

「行動に落とし込みやすい」というのはつまり、**「手段」がわかりやすい**ということです。

「数学の成績を上げたい」という目的では、どの問題集をどれくらいやればいいのかがふわっとしています。ですが、「次の数学の試験で偏差値を5上げる、そのためにはこの部分でこれくらい点数を上げたくて……」と考えていけば、**「何をするべきか」**がしっかり

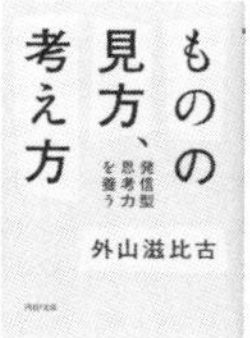

ものの見方、考え方

外山先生は、思考を整理して頭をよくするためのさまざまな方法を教えてくれる人です。その中でもこの本は、本書で紹介した「原因思考」や「目的思考」を学問に応用するテクニックを紹介しています。本書と合わせて読んでみることをオススメします。
外山滋比古著　PHP文庫

わかりますよね？　こっちのほうが、目的を達成しやすいわけです。

そして実際に「手段」として選んだ行動をしているときも、「今やっていることがどのように目的と合致するのか」を考えることで、ムダなことをする必要がなくなります。「数学の成績を15点上げるんだから、この勉強は今やっていても意味がないな」と、目的に合わせて手段を明確にできるようになるわけです。

多くの人は、「目的」がふわっとしたままで「手段」ばかりを考えます。

「とりあえず数学の成績を上げるために、この参考書をやろう」「とりあえず営業の成績を上げるために、電話をかけまくろう」と、目的を明確化しないままで「手段」に取り組み、いつのまにかその手段を一生懸命やることばかりに目がいってしまう。

「とりあえず1冊参考書を終わらせたぞ！」「１００件電話したぞ！」と、**手段は達成できても、目的と結びついていないから結果につながらない**……こういうことって、本当によくある話なのです。

ＣＨＡＰＴＥＲ１、ＣＨＡＰＴＥＲ２では、「多くの人は結果・下流ばかりを見ているけれど、真に大切なのは原因・上流だ」という話をしました。今回は、**「手段」ばかりを見るのではなく、「目的」のほうをこそ、しっかり考えないといけない**ということなのです。

> 東大思考
> **Point 21**
>
> **手段ばかりではなく、目的をしっかりとらえることが大切！**

人がやることには、必ず「目的」がある

・「何を伝えたいか」を徹底的に考える

遠回りをしましたが、「説明」をうまくするためには、この「目的」をしっかり持てばいいのです。

説明に関して、僕は「相手がすでに知っている知識」と自分が語りたい「相手にとって未知の知識」とを結びつけることで上手に伝えることができるという話をしました。この場合、**「相手がすでに知っている知識」が手段で、「相手にとって未知の知識」が目的**です。

つまり、**「何を伝えたいのか」をより徹底的に考えれば、自ずと手段も見えてくる**のです。

先に「どう伝えるか」を考えても、何も意味がないのです。

たとえば自分が観た映画のことを伝えたいと思ったときに、「こんなシーンがよかったよ！」「この描写がかっこよかった！」と伝えても、その映画の魅力は伝わりません。それよりも、「この映画はこういう映画だったんだ！」という、映画全般を通して言えるメッセージを伝えたほうが伝わりやすいのです。

「ヒロインが可愛い映画だよ」と言われるよりも、「ハラハラドキドキのラブロマンス映画だよ」のほうが、「へえ、そうなんだ」と理解しやすくなると思います。

僕たちは、**つい中身を語ろうとしすぎてしまいます**。人に何かを説明するときに、「こういうエピソードは面白いはず！」とか「こんな話が中身に盛り込まれていればウケるはず！」とか、そういうことを考えがちなのです。

しかし、**それらはすべて、「手段」でしかありません**。そんなものは後回しにして、**真に先に考えるべきは「目的」**。この話を聞いた人に、この文章を読んだ人に、どんなことを伝えたいのかを一言で表す必要があるのです。

「目的」が先で、「手段」は後。目的をしっかりさせれば、手段も自ずとついてくる。これは、説明においても、それ以外のことにおいても同じです。

・「目的」のないたとえ話には意味がない

たとえばみなさんが、非常に伝わりやすくて面白い例を思いついたとします。または、面白い雑学を知ったとします。

でもそれは、適切なタイミングで使わないと、何の意味もなくなってしまいます。いくら面白くても、「え？　それ今言う？」とか「面白いけど、だから何なの？」と言われてしまうわけです。

僕が仮に、「ねえ知ってる？　ジャンヌ・ダルクって昔はぜんぜん評価されていなくて、死んでから５００年以上経ってからやっと評価されるようになったんだって！」と、急にドヤ顔で語ったとしたら、みなさんはどう思うでしょうか。「へえ、そうなんだ。でも、だから何？」と考えると思います。

その例自体が面白いこと、雑学自体のクオリティが高いことと説明の伝わりやすさには、何の関係もありません。**「例」は、伝えたいことがあって、そのために存在するもの**なのですから。

・説明がうまくなりたいなら、「目的＝タイトル」をしっかり持てばいい

「言っていることはわかるけど、具体的にどうすればいいの？」と考える人がいるかもしれませんが、簡単です。**自分がこれからする話に、「タイトル」をつければいい**のです。

「タイトル」とは、これからどういう内容を語るかを示す「旗」のようなものです。「今からこれを語ります！」という宣言です。

僕たちが最初に考えるべきは、自分の説明の「タイトル」、つまり**「自分が何を説明するのか」**ということです。まずはタイトルという旗を掲げないといけないのです。

先ほどのジャンヌ・ダルクの例で言えば、「人からの評価なんて気にするな！」というタイトルの話の中で、「ジャンヌ・ダルクは死んでから500年後に評価された。時代や文化によって人からの評価なんて遷《うつ》ろうものだから、他人からどう思われているかなんて気にするだけ時間のムダなんだ！」という文脈なら、多分多くの人が「ああ、なるほど」と感じるはずです。

このように、**「タイトル」があって初めて、中身が輝く**のです。この順番を間違えてはいけません。**タイトルという目的を決めてから、手段を選ばなければならない**のです。

もっとわかりやすく言うと、**何かを説明する前に、説明することに「タイトル」をつけてみよう**、ということです。

僕はよくネット記事を書いているのですが、その際に気をつけることは徹底的に「タイトル」です。ネット記事を書いている人なら一度は耳にする格言に、**「ネット記事はタイトルが9割」**があります。どんなにいい中身でも、タイトルでその記事のことを理解してもらえなければ、読んでもらうことすらかなわない、ということです。

そして、**このタイトルを探すためのテクニックが、「目的探し」**なのです。

東大思考
Point 22

自分の話に「タイトル」をつけることで、いっきにわかりやすくなる

「目的探し」の4STEP

「目的探し」は以下の4STEPで行います。**「ゴール」→「目的」→「目標」の順番で決め**

ていくイメージです。

・STEP0　説明したいことを頭の中に思い浮かべる

とりあえず、自分がどんなことを説明したいのかを思い浮かべてみましょう。別にこの時点では、そこまで深く考える必要はありません。何となく、「こういうことを話したい」と思えるものならば、何でも大丈夫です。

・STEP1　ゴールづくり：何が伝えられれば終わりなのかを考える

「ゴール」を考えてみましょう。「これが相手にわかってもらえたら、それでいい」とか「この問題を解決するために、こうしたい」など、いちばん伝えたいことが「ゴール」です。

・STEP2　目的選び：達成したいことから逆算して、何を伝えるべきかを考える

この「ゴール」から逆算して、「目的」を考えましょう。ゴールを達成するために、何を伝えるべきかを考えていくのです。

・ＳＴＥＰ３　目標づくり・目的尖らせ：目的をより具体的にする。目的の中に数字に基づいた「目標」を入れたり、期限を設定したり、より具体的にする

目的自体はＳＴＥＰ２でつくったので、それをより具体的にしていきます。

特に、目的を達成するための数値的な目標を設定するのは有効です。「多くの人に知ってもらう」が目的だったら「1万人の人に見てもらう（1万ページビューを達成する）」のように、数字でよりわかりやすく目標を設定します。

「目的探し」の具体例

1

ＳＴＥＰ０　「人の評価」に関する文章を書きたい。

ＳＴＥＰ１　ゴール：「人の評価なんて気にしていても意味がない」と伝える。

ＳＴＥＰ２　目的：「評価が後世になって変化した偉人のエピソード」を紹介する。

ＳＴＥＰ３　目標：「評価が後世になって変化した偉人のエピソード」を３つ以

プチ「日常の解像度」トレーニング　No.18

Q. 笑顔の人がいると、こっちまで笑顔になってくることってありますよね。逆に泣いている人がいるとこっちまでもらい泣きしてしまう、なんてこともあります。どうして感情は伝播するのでしょうか？

上探し、伝える。

2

STEP0 就活で「自分の大学生活」に関する文章を書きたい。

STEP1 ゴール：「さまざまな活動を通して自分が成長できた」と伝える。

STEP2 目的：「自分の成長につながった出来事」を紹介する。

STEP3 目標：「自分の成長につながった出来事」を2つ以上探し、自分がどんな活動をしていたのかも踏まえて伝える。

3

STEP0 スマホ学習に関する文章を書きたい。

STEP1 ゴール：「スマホは勉強に悪影響を与えると言われているが、そんなことはない」と伝える。

STEP2 目的：「スマホを活用した勉強のメリット」や「スマホ学習の具体的な方法」を紹介する。

STEP3 目標：「スマホを活用した勉強のメリット」を3つ、「スマホ学習の

プチ「日常の解像度」トレーニング No.18

A.人間には、相手の感情に無意識的に合わせようとする「ミラーリング効果」と呼ばれる性質があります。知らず知らずのうちに、相手に合わせてしまうわけです。うつ病の人と話す機会の多いカウンセラーがうつ病になりやすいのは、これが原因だと言われています。相手を笑顔にしたかったらまず自分が笑顔になることを意識し、逆に心理的に不安定な状態だったら同じような人とは会わないほうがいい、ということです。

具体的な方法」を3つ紹介する。

いかがでしょうか？

「目的探し」は、実は人に何かを説明するときだけでなく、あらゆることに応用できます。

今自分がやっていることの「ゴール」は何か？　どうしたらそのゴールを達成できるのか？

そんなふうに**「目的探し」で「日常の解像度」を高めれば、いろいろなことがうまくいきます。**ぜひやってみてください！

「目的探し」をやってみよう！

【問題】

Q1　遅刻したときの言い訳の文章をつくるのには、どんな「ゴール」「目的」「目標」が必要か、考えてみてください。

Q2　「きのこの山」と「たけのこの里」、どちらがいいかをプレゼンする場合、どんな「ゴール」「目的」「目標」が必要か、考えてみてください。

【答え】

A1 ゴール：相手に対して、自分がきちんと申し訳ないと思っていることが伝わる。

目的：自分が遅刻をした理由と、それが今後起こらないようにするための施策を伝える。

目標：自分が遅刻をした理由を3つと、それが今後起こらないようにするための施策を4つ伝える。

A2 ゴール：きのこの山とたけのこの里、どちらのほうがいいのかが伝わる。

目的：きのこの山（たけのこの里）が、もう片方と比べて優れていることを伝える。

目標：きのこの山（たけのこの里）が優れているポイントを3つ以上伝える。

東大思考
Point 23

「目的」をできるだけ具体的にし、「目標」に落とし込む

3 手段選びで「相手にとっていちばんわかりやすい」説明ができる：目的思考②

「手段選び」で、目的を相手の既知と結びつける

・人間はみんな難しいことを理解できない

さて、「目的探し」で、「自分が何を伝えたいのか」を考えました。これは、相手にとって未知のことをいったん整理する行為です。

ここからは、「手段選び」。**いかにして相手の既知のことと自分の「目的」とを結びつけるか**という思考法です。

これを紹介する前にひとつだけ、僕はみなさんにお断りしておかないといけないことがあります。それは、**「人間は愚かだ」**ということです。

……はい、「いきなり何を言いだすんだ、こいつ」って感じだと思うんですが、これってやっぱり真理だと僕は思うのです。

僕はよく、人に何かを説明するときに失敗してしまう、という相談を受けることがあります。「なんで俺の話は伝わらないんだろうか？」と思い悩んでいる人は非常に多くて、僕もよくそういう人と話をします。

話が伝わらない原因は、ほぼ1つに集約されます。それは、**「説明を受けている相手のことを過大評価しすぎ」**だということです。

「これくらいのことなら、伝わるでしょ？」

「こんなことくらい、当然知ってるでしょ？」

そんなふうに、人は相手のことを過大評価しがちなのです。これは実は、東大入試で失敗する人が共通して陥る落とし穴でもあります。

東大入試は、ほとんどすべての問題が記述式で、いかにわかりやすく噛み砕いて自分の考えを述べ、説明できるかがキーになっています。そのときによく学生がやってしまうのが、「これくらいのことなら、わかるでしょ？」と、相手のことを過大評価して文章を作成してしまうことです。

たとえば2012年度の東大入試では、「人の心が読めるようになったらどうなるか、英語で答えなさい」という内容の問題が出題されました。これに対して、僕の教え子は「世界平和が訪れる。なぜなら戦争が発生しなくなるからだ」と解答しました。

みなさんはこの解答をどう思うでしょうか？　僕の感想は「よくわかんない」でした。

でも彼はこう言うのです。「いやいや、世界の紛争は、相手がどのような行動を取るかわからないから発生していることが多いんですよ。敵意がないと口で言っていても信じられなかったり、嘘をついている国があったりして、戦争になるわけです。だからほら、戦争が発生しなくなるでしょ？」と。

・「わかるでしょ？」は通用しない

彼の話はわからなくはないですが、これを東大の入試で書いたら0点です。なぜなら、「わかるでしょ？」が多すぎるからです。

「人の心が読める」→「戦争がなくなる」というのは、読者にとって聞きなれない、馴染みのない話です。彼の解答は、読み手もこの「→」の思考展開ができると過大評価しているから、点数が低いのです。

これが「人の心が読めるようになるから、嘘をつくことができなくなる」という解答だったら、相手にも理解しやすいはずです。「人の心が読める」→「嘘がなくなる」というのならば、この「→」は理解できますから、「ああ、だったらわかるな」と思ってもらえます。もっと言えば、「人の心が読める」→「嘘がなくなる」→「戦争がなくなる」と書いてあったのなら、まだ理解できなくはありません。

人間は、「A」→「B」→「C」と書いてあったら理解できます。でも、「A」→「C」だけ書いてあって、「Bは自分で入れられるよね?」と言われても、そんな難しいことはできないんです。

「B」は、絶対に書かなければいけないものです。AとCをつなぐ、大切なワンクッションなのです。**この「手段」を抜かして物事を説明してはいけない**のです。

先ほど僕は、「人間は未知のことはわからない」と言いましたね。「既知のことと結びつ

けないと、未知のことを理解することはできない」と。

それと同じで、人間は難しいことなんて理解できないんです。「説明」するとき、いちばん忘れてはいけないのはここ。極論してしまえば、**自分も含め人間はみんな愚かだと思っておいたほうが、説明は上手になる**のです。

誤解しないでほしいのは、**説明が通じないのは「手段」が一足飛びになっているからであって、「目的」そのものが難しいからではない**、ということです。

難しい概念でも、伝えるのが難しい話でも、1つひとつ丁寧に話していけば伝わります。でも、**一足飛びに相手にパッと理解してもらうことは不可能**なんです。

人間は、一瞬でピラミッドをつくることはできません。毎日毎日石を積み上げていった結果としてしか、ピラミッドを建てることはできないのです。

逆に、そうやって適切な手段、できることを積み重ねていけば、いつかはピラミッドでも何でも建てることができるわけです。

・「たとえ」とは「B」をつくる行為だ

では、無理のない形で人に説明する力は、どうすれば高まるのでしょうか。その答えも

プチ「日常の解像度」トレーニング No.19

Q. お弁当屋さんで、妙に高級なお弁当が売られているのを見たことありませんか？　500円のお弁当がいちばん売れるのに、1000円もするお弁当も用意されていて、買っている人を見たことがない。同じように、いろいろなお店で「これ、誰が買うんだ？」というような高い商品が用意されていることがけっこうあるのですが、これはどういうことなんでしょうか？

また、**日常の解像度**です。

普段、僕たちが見ているものと、先ほどつくった目的とを結びつけることで、伝わりやすい「たとえ」をつくることができるのです。

たとえば僕たちは、大きいものを紹介するときに「東京ドーム何個分」と説明しますね。「1000立方キロメートル」だとか「10万ヘクタール」だとか言われても、それが大きいのか小さいのかはわからない。だからこそ、僕たちが普段から目にする、わかりやすく大きいものの象徴を「例」として出しているのです。

これも、前提には「人間はみんな難しいことはわからない」という考え方があります。**普段みんなが目にするような事柄を例にしないと、その物事を理解することは難しい**のです。

先ほど僕は、「A」→「C」では伝わらないから、「A」→「B」→「C」と伝えないといけないという話をしました。この「普段みんなが目にする事柄を例にする」というのは、**間に「B」という理解しやすいワンクッションを入れる行為**なのです。

ではここから、そのワンクッションをつくる方法、「手段選び」をご説明します。

プチ「日常の解像度」トレーニング No.19

A.実は「いちばん高いラインナップ」があると、それよりもワンランク低い値段のお弁当が売れやすくなるのです。「1000円のやつよりは安いもんな」と思って800円のお弁当を買う人が多くなる、ということです。1000円のお弁当自体は売れ残ってしまうかもしれませんが、必要なムダとして存在しているんですね。

東大思考
Point24

人は一足飛びには理解できないことを自覚しておく

「手段選び」の4STEP

「手段選び」は、次の4STEPで行います。

・STEP0　目的づくり：目的をしっかりと言葉にしておく

・STEP1　目的分解：その目的に含まれる言葉を抽出する。可能ならイラストにしてみる

・STEP2　たとえ探し：STEP1で抽出した言葉やイラストを、見やすいところに貼っておき、定期的に「例」を探すようにする

ニュートンはリンゴが落ちたときに、引力に気づきました。「マジックテープ」は、植

物のゴボウの実（ひっつき虫）を取っているときに思いついたアイデアなんだそうです。

　これらと同じように、常に「これを説明するのにいい例はないか」と考える癖をつけておきましょう。そのために、できるだけわかりやすい場所に、抽出した言葉やイラストを書き留めておく必要があるのです。

・STEP3　たとえ貯め：見つけた例を、ノートやメモ帳に残しておく。また、文章を読んでいて「いいな」と思った例があった場合も同様に、メモとして残しておく

　大きさを説明するときには、いつでも「東京ドーム」が使えますよね。

　このように、優れた「たとえ」は、いろいろな場面で使いまわすことができます。僕もこの本でさまざまな「たとえ」を使っていますが、これらは使いどころが限られたものではありません。

　人の説明で「これはわかりやすいな」と思ったものは常にメモしておきましょう。そうすれば、自分の説明にもそれを活かせるようになるのです。

「手段選び」の具体例

1

STEP0　「真面目に頑張れば、必ず報われる」と伝えたい。

STEP1　「真面目に頑張る」「報われる」

STEP2　いいことをしている人は、短期的な結果は出ないかもしれないけれど、いつか必ずいいことがある、ということを表す例・言葉を探す。

STEP3　「因果応報」（いいことをした人のところにはいいことが、悪いことをしたら必ず罰があるということ）

「水は低きに流れ、人は易きに流れる」（中国の言葉）

2

STEP0　「何事においても、応用よりも基礎のほうが重要だ」と伝えたい。

STEP1　「基礎」「応用」

STEP2　難しいことに挑戦するよりも先に、基盤となる基礎を固めるほうが

プチ「日常の解像度」トレーニング　No.20

Q. 明治維新以降、日本人の平均体重は大きく増えたと言われています。江戸時代以前よりもふくよかな体の人が多くなり、相撲取りも昔より大きい力士が増えたと言われています。これは、どうしてなのでしょうか？

いい、ということを表す例・言葉を探す。

STEP3 「初心忘るべからず」（どんなに前に進んでも、最初のところが大事だよ、という意味のことわざ）

「砂上の楼閣」（足場が悪いと、その上に積木は置けない）

「手段選び」をやってみよう！

【問題】

Q1 「実際にやってみないと物事を理解することは難しい」と伝えたいが、どんな例・言葉があるか考えてみてください。

Q2 「困難な状況や議論があったときのほうが、いいアイデア・いい関係性が生まれる」と伝えたいが、どんな例・言葉があるか考えてみてください。

プチ「日常の解像度」トレーニング No.20

A. 実は江戸時代には、肉食は一般的ではありませんでした。鍋にも肉を入れず、野菜だけで食べていたそうです。それが、明治維新以降の西洋文化の流入で、肉を食べることが増えました。さらに砂糖を使った料理も増え、力士御用達の「ちゃんこ鍋」もこの時期につくられるようになったと言われています。つまり食文化の西洋化により、日本人の体格が大きくなったのです。

【答え】

A1　遠くで見ているだけ、理想論だけではなく、実際にやってみないとわからないことがある、という例・言葉を探す。

・「百聞は一見に如かず」

・「事件は会議室で起きてるんじゃない。現場で起きてるんだ！」（映画『踊る大捜査線THE MOVIE』の主人公のセリフ。会議室で指示を出すだけの上司に対しての一言）

・「机上の空論」

・「戦争は賭けである」（『戦争論』で有名なクラウゼヴィッツは、「どんなに頑張っても、不確定要素は残るよ！　理想論だけで勝てるほど戦争は甘くないよ！」と言った。それがこの言葉）

A2　何も難しいことがなくてすんなり進んだり、議論も反論もなく進むほうが理想的なような気がしてしまうが、そんなことはない。解決が難しく、議論が白熱したほうがいいアイデアが出たり、関係がよくなることを伝える例・言葉を探す。

・「雨降って地固まる」
・「逆境の中で咲く花は、どの花よりも貴重で美しい」（ウォルト・ディズニーの言葉）
・「急がば回れ」（すんなり進むよりも時間をかけたほうがいい、という意味でもある）

東大思考
Point 25

具体的な目的をもとに、日頃から使えそうな例をメモしておく

THE UNIVERSITY OF TOKYO
THINKING TECHNIQUES

CHAPTER 4

裏側思考で「普通は思いつかないひらめき」が湧く

――東大生は意識的に「複数の視点」で考える

1 東大生は「一を聞いて十を知る」ことができる

ここまで、さまざまな角度で「頭がいい人の特徴」「頭がいいとはどういうことか」をお話ししてきました。記憶だったり要約だったり説明だったり、多くの能力をご紹介してきましたね。

しかしまだ、頭のいい人の最大の特徴とも言うべき、「あの言い回し」について、僕は話していません。

日本で「頭のよさ」を表現する、いちばん有名な言い回し。**「一を聞いて十を知る」**です。

CHAPTER4では、「一を聞いて十を知る」ことができる人の真実について、みなさんにお話ししたいと思います。

秀でた発想力に図抜けた頭脳はいらない

・1から10の情報をつくるわけではない

昔から、日本では頭のいい人を指して「あの人は**『一を聞いて十を知る』**ことができる人だ」という表現をしました。

1つのことを聞いただけなのに、10個以上の情報を理解することができる人。たしかに頭がいいイメージがありますよね。学んだことが1個だけなのに学んでいない9個を知ることができるなんて、何だか憧れてしまいます。

こんな能力があれば、それこそ世の中のどんな物事を見ても、日常生活を送っていても勉強していても、人の10倍知ることができるわけです。いろんなところで結果が出そうですね。

でもこれって、いったいどういう能力なんでしょう？　なぜ1を聞いたら10を理解することができるんでしょうか？

僕は昔、この能力のことを「勘違い」していました。

「一を聞いて十を知ることができるってことはつまり、1の情報から10の情報を想像することができるってことだよな？」

「つまり、1の情報から10の情報を発想できる、そういう図抜けた思考回路を持っているってことだろ？」

もしかしたら同じような勘違いをしている方が多いかもしれませんが、これは違います。一を聞いて十を知るというのは、1から10の情報をつくる行為ではありません。**1に対する「ものの見方」を10持っている状態**なのです。

・ものの見方は、たくさんある

あらゆる物事は、見る方向、見る立場が変われば違って見えてくるものです。

男性の立場ではわからないことが、女性の立場からならわかるかもしれない。年配の人が見てもわからないことが、若者にはわかるかもしれない。先生からは見えないことが、生徒には見えるかもしれない。

目の前にリンゴがあったとして、多くの人はリンゴを見ても、リンゴだとしか思いませ

プチ「日常の解像度」トレーニング No.21

Q. ホームセンターで木材を見ると、ロシア産やカナダ産に比べて、日本産の木材の価格は高い場合が多いです。木材自体は同じ種類で、海外産はわざわざ船で運んできているのに、どうして日本産のほうが高くなるのでしょうか？

ん。でもいろんな視点を持っている人なら、「そう言えば、聖書ではリンゴは知恵の実と呼ばれていたな」「英語だとappleだよな」など、いろいろな角度からリンゴを見ることができます。つまり、「リンゴ」というただそれだけの情報から、複数のことを想起できるのです。

「一を聞いて十を知る」東大生は、インスピレーションとでも呼べるような、何か先天的な能力を持っているわけではありません。ただ、見方を10個持っているだけなのです。つまり想像力とかインスピレーションとかそういう言葉で語られているものは、後天的な努力によってつくれるものなのです。

そして**僕らは、知らず知らずのうちにもう、これと同じことをやっています。**

たとえばみなさんは何か悩みがあるとき、どうやって解決しますか？　1人で悩んでいるだけだとなかなか解決しませんよね。そういうときは、友達に話してみたり、本を読んだりして解決方法を探すはずです。

これは、自分1人の「ものの見方」からではわからないことが、他の人の「ものの見方」を学ぶことでわかるようになるからです。「ああ、なるほど、そういう考え方もあるんだ！」「へえ、そうすると、この悩みは大したことないのかもしれないな！」と、ものの

プチ「日常の解像度」トレーニング　No.21

A.「高くなる」というのは、買う側の都合以外に、「木を伐採する人」の都合があるかもしれませんね。実はこの問題の背景にあるのは、「木が植えられている場所」です。ロシアやカナダは「平地」に森林が広がっている場合が多いですが、日本は「山間部」に森が広がっている場合が多いんです。山間部から木を伐り出そうとすると、機械を導入しようにも難しく、斜面なので搬送が大変で、手間とお金が余計にかかります。だから、日本の木は価格が高くなりがちなのです。

見方1つ変われば解決することもある。それを、僕たちはけっこうな頻度で実践しているというわけです。

人間にはいろんな立場があって、いろんな考えがあります。**頭のいい人は、1つの考え方、1つの立場に縛られずに物事を考えることができる**のです。

それができるからこそ、「1」を聞いたときに、それを「10」個の別の方向・立場から眺めて考えることができる。これが、「一を聞いて十を知る」の原理なのです。

東大思考 Point 26

「一を聞いて十を知る」とは、見る立場・見る方向を変えて物事を見られるということ!

発想力がある人は「目のつけどころ」をたくさん持っている

・多くの人は1つの眼鏡をかけている

しかし、人間には「いろんなものの見方」をすることを、無意識のうちに制限してしま

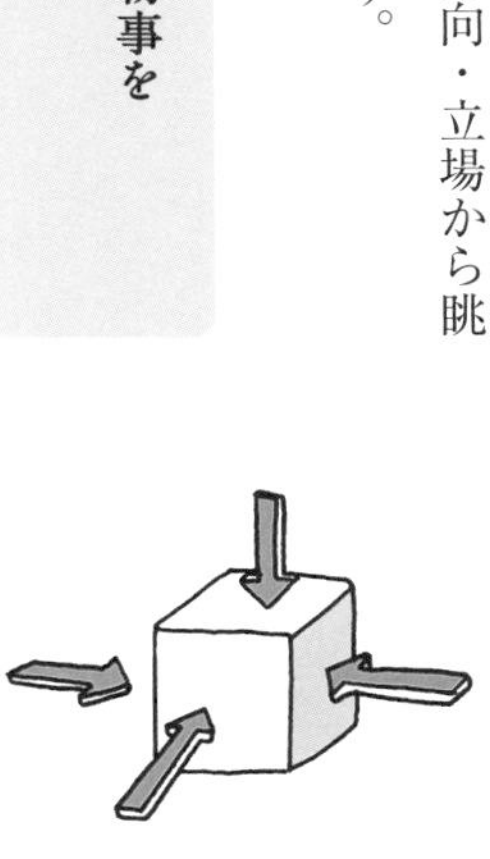

う傾向があります。

僕らはいろいろなものに「バイアス」をかけてしまいがちです。一度「正しい」と思ったら、その「正しい」を拭い去ることが難しくなります。逆に、一度「間違っている」と思ったら、「間違っている」と思うことを止めるのが難しいのです。こういう傾向が人間にはあるのです。

これは心理学的に証明されているもので、**「確証バイアス」**と呼ばれています。

自分が「正しい」と思ったことについては、その「正しさ」を保証してくれる情報ばかりを集めてしまう。逆に、自分が「間違っている」と思ったことは、「それが間違いである」ことの証拠になりそうなものばかり目に留まってしまうものなのです。

たとえばみなさんがある人のことを初対面で「いい人だな」と感じたとします。その後、その人と付き合って、どんなに悪い面を見たとしても、「あの人なら何か理由があるに違いない」と考えたり、無意識のうちにその人の悪い噂が耳に入りにくくなったりするのです。

逆も同じです。初対面で「印象が悪い人だな、馬が合わなそうだな」と感じたら、その後いくら話しても、その印象を拭うことは難しいのです。

多くの人はヒトラーの肖像画を見て、「ああ、何となく悪い人っぽい顔をしているな」と感じるかもしれません。ですが、ヒトラーのやったこと（ユダヤ人の大量虐殺）を知らないままにヒトラーの肖像画を見たときに、あのちょび髭の顔から邪悪なムードを感じ取ることは難しいと思います。

人間はこんなふうに、**「自分が一度信じたものは正しい」**という色眼鏡で世界を見てしまいがちなのです。そして知らず知らずのうちに、その色眼鏡に沿って考え、行動するようになってしまうのです。

そう、「眼鏡」です。

この本では「日常の解像度」という話を何度もしていますが、実はみんな、知らず知らずのうちに、日常生活を送る中で1つの「眼鏡」をかけてしまっています。**そのレンズには色がついていて、1つのものの見方しかできなくなってしまっている**のです。だから1を聞いても、1しかわからない。

逆に言えば、**この眼鏡をかけていない人、またはいろんな眼鏡を持っていて、状況に応じてそれをつけ替えることができる人は、1つの物事を見るときに複数のものの見方がで**

きるわけです。

たくさんの眼鏡を持っているから、いろいろな見方ができる。これこそが、「一を聞いて十を知る」の原理だと言えます。

・発想力＝目のつけどころ！

そして、いわゆる「発想力」も、この考え方で説明できるのです。

頭のいい人って、「目のつけどころが違う！」「常人とは違うところを見ているよね」と言われがちですよね。実際、思いもよらないアイデアは、常人とは違う着眼点から生み出されています。

多くの場合、**「目のつけどころが違う」という、ただそれだけのことが起点となって、いろんなアイデアが生み出されている**のです。

ひっつき虫を見て、多くの人が「くっついてくるの鬱陶《うっとう》しいなあ」とマイナスにとらえていた中で、「これ、何かいい発明として使えるんじゃないか？」と考えたから「マジックテープ」は生み出されました。ヒーロー作品の中で敵の悪役はマイナスなイメージを持たれていましたが、「悪役にフィーチャーしても面白いんじゃないか？」と考えたから「ダークヒーロー作品」が生み出されました。

こんなふうに、**見ているものが同じでも、違う方向から、違う眼鏡で見たときに、新しい発想は生み出される**のです。そして**発想力のある人とは、言い換えれば、たくさんの「目のつけどころ」を持っている人のこと**。これも「日常の解像度の違い」なのです。

> 東大思考
> **Point 27**
>
> **発想力のある人=たくさんの「目のつけどころ」を持っている人のこと！**

頭がいい人は「対立する立場」のどちらも理解する

・両面を見ることで得られるものがある

東大生は「複数の目のつけどころ」の大切さを理解して、**自覚的に目のつけどころを増やそうとしています**。

英作文や小論文の問題でよく、「これについて賛成か反対かを述べなさい。またその理由も述べなさい」というものがあります。通常、こういう問題を見たら多くの人は、「じ

イノベーションの作法

いままでにないアイデアを思い浮かべるために必要なことを、丁寧に教えてくれる本です。思いもよらない観点を知ることができるので、ビジネスでアイデアを生み出したいと考える方はぜひ、こちらも読んでみてください。
野中郁次郎、勝見明著　日経ビジネス人文庫

ゃあとりあえず賛成（もしくは反対）意見で考えてみようっと」と、どちらか一方の意見のみを書くと思いますが、東大生は違います。

極度に時間がないときを除き、**東大生のほとんどは「賛成」「反対」両方の意見を書きます。必ず2種類の解答をつくる**のです。

なぜこのようなことをするのか東大生に聞いてみると、こんな答えが返ってきました。

「両方の立場に立って初めて、わかることがある」

「片方の立場だけで解答をすると、あまり次に活かせない」

先ほどの「確証バイアス」の話と同じように、賛成だと決めたら賛成の見方しかできなくなります。逆に、反対だと決めたら、反対の意見のみを頭の中で構築して、それ以外のものが見えなくなってしまう。

だからこそ、**両面を書くことで、その「1つ」の情報をさまざまな角度からバランスよく見る訓練をしている**のです。実際、東大の入試問題でも授業でも、片方の立場ではなく2つの立場を踏まえて考えることが重視されています。

「賛成」と「反対」のように、対立する考え方のことを「二項対立」と呼びます。二項対立の両方を考えるメリットは、「賛成」「反対」の2つの面が理解できることだけではありません。

両面を知れば、どの部分が論点なのか、どうすれば両方の意見を取り入れた形で進めることができるのかなど、**「賛成と反対の先にあるもの」が見えてくる**のです。

・東大入試でも「二項対立」の考え方が問われている

東大入試では「この1つの資料・グラフ・データから読み取れることを書きなさい」という問題が出題されることがあります。「賛成・反対の両方の意見を書く」のは、こうした問題に対応する訓練にもなります。

たとえば「日本の食料自給率は37％」という情報をポジティブな立場からだけ受け止めたら、解釈は1つです。「日本は37％も国内で生産したものを食べている」と。

しかしネガティブな立場になったら、「日本は63％も海外からの輸入に頼ってしまっている」と解釈することができます。

ここで、この両方の立場に立つことができれば、今度はまったく新しいものが見えてきます。「じゃあ他の国の自給率と比べて、この37％という数字は高いのか？　低いのか？」

「内訳はどうなんだろう？　37％と言うけれど、どんなものが国内で生産されているんだろうか？」などと考えることができるのです。

このように、**立場を変えたり、他の情報と組み合わせたりすることで、違う情報が見えてきます**。これこそ、「一を聞いて十を知る」の本質です。

・二項対立を深めていくと、たくさんの視点が現れる

「え？　でも『二』項対立って、2つの立場の話だから、一を聞いても二を知ることしかできないんじゃないの？」と考える人がいるかもしれませんが、そうではありません。

たとえば死刑制度に関する議論で、「賛成」と「反対」は二項対立になります。「死刑は容認されるべきだ」という人もいれば「死刑は容認されるべきでない」という人もいて、これは純粋な二項対立に見えます。

でも、**賛成派の中にも、いろいろな立場があります**。「経済的な観点から言って、死刑は容認されるべきだ」という人もいれば、「被害者遺族の感情を考える倫理的な観点から、

容認されるべきだ」という人もいます。

逆に、「経済的な観点から言えば、むしろ死刑はよくないのではないか」と考える人もいますし、「倫理的な観点というならば、刑を執行する刑務官の感情を考慮すると、死刑はやめたほうがいい」と考える場合もあるでしょう。

「賛成」「反対」という二項対立に加えて、「経済的」「倫理的」という対立軸が新たに生まれました。これで、4つの立場が生まれましたよね？

世の中には、このようにいろいろな対立軸があり、**単純に「2つ」に分けることができるわけではない**のです。

「（政治的に）左か右か？」「賛成か反対か？」を組み合わせると4つの立場が生まれます。もっと言えば、「左右か、それとも中道か？」「賛成か反対か、条件つきの賛成か、条件つきの反対か？」で考えれば、12の立場がありますよね。

このように、**二項対立を深く追っていくことで、「2つ」以上の、さまざまな立場を理解できるようになる**のです。

いかがでしょうか？　まとめると、こういうことになります。

ツァラトゥストラはこう言った

ニーチェの作品はどれも、僕らの常識を取り払ってくれ、さまざまな考え方を教えてくれるものばかりです。その中でもこの本は、今を生きる僕たちに、偏見を持たずに生きることの大切さを教えてくれる1冊です。

ニーチェ著　岩波文庫

- 一を聞いて十を知るためには、いろんな立場から「一」を見られるようになればいい
- 目のつけどころが変われば、発想力を磨くことができる
- 「二項対立」で物事を考えれば、それ以上のことを知ることができる

このようにして「発想力」を身につけるために、みなさんにご紹介したいのが、**「裏側思考」**です。

東大思考
Point 28

「賛成／反対」、「経済的／倫理的」など、対立するさまざまな立場から物事を考えてみよう！

2

裏側探しで「新しい視点」を手に入れる：裏側思考①

頭のいい人は、あえて「反対の意見」を考える

・すべての物事には裏側がある！

「裏側思考」というと、何だか怖い言葉のように感じられますね。表ではなく裏、というのはちょっとほの暗い印象があると思います。でも、頭のいい人はみんな、この「裏側」を考えることに長けていると僕は思うのです。

では具体的に、裏側とは何なのか？　それは、見る角度を変えたときに見えるもののことです。実際、多くの人には、これが見えていません。

どんな物事にも、「裏側」が存在します。たとえば東大の合格率は約3割であり、3人に1人「しか」合格しません。しかし逆に言えば、3人に1人「も」合格している。ある人にとっては否定的な情報が、違う人にとっては肯定的な情報になるわけです。

また、多くの人は「自分は将来どうしようか？」「明日はどちらの服を着て行こうか？」

プチ「日常の解像度」トレーニング　No.22

Q. 北海道に旅行に行くと、台湾からの観光客が多いことに気づかされます。北海道が台湾の人に人気な理由を、いろんな立場から考えてみてください！

など、物事を選択するときに思い悩みます。なぜ思い悩むかと言えば、これは「選ぶ」ことが「選ばない」ことと同義だからです。つまり、「赤い服を着て行く」ということは「青い服を着て行かない」ということ。選ばなかったことを思って、人間は悩むのです。

すべての物事には裏側が存在します。**その裏側をしっかり見ることができれば、一を聞いて十を知ることの訓練になり、よいアイデアを思いつけるようになる**というわけです。

・「ダメ出しをしろ」という東大の問題

では、「裏側」を見るためには、どうすればいいのでしょうか？

その答えは、東大の入試問題の中にありました。僕は50年分の入試問題を見てきたのですが、その中でいちばん、驚きの問題がこちらです。

> 次の文章は、数年前の東京大学入学試験における、日本史の設問の一部と、その際、受験生が書いた答案の一例である。当時、日本史を受験した多くのものが、これと同じような答案を提出したが、採点にあたっては、低い評点しか与えられ

プチ「日常の解像度」トレーニング No.22

A.「気候の面」からは、台湾は雪が降らないから北海道で雪を楽しんでいると考えられます。「経済的な面」からは、台湾と北海道はLCCと呼ばれる低価格の航空便が就航しているため、移動が非常に安くつくと考えられます。「台湾人の立場」からは、台湾は狭い道が多いので、広い自然のなかでドライブを楽しむことができる北海道が人気だと考えられます。

なかった。なぜ低い評点しか与えられなかったかを考え（その理由は書く必要がない）、設問に対する新しい解答を5行以内で記せ。（1983年度第1問）

「数年前の答案に、ダメ出しをしろ」という問題です。

なんと型破りな問題でしょうか。これ、浪人生の中にはもしかしたら「ああ！　これ、俺が数年前の入試で書いた解答だ！」と思う人がいたかもしれません。

この問題は東大生の中でもよく話題にのぼり、「よくもまあこんな問題が出題されたよね」「なんでこんな問題出題したんだろう？」というトークになります。

・目の前のことを「あえて否定」してみる

でもこれは実は、**発想力を鍛えるためには非常に大切なヒント**になるのです。

僕は先ほど、「賛成意見と反対意見を同時に考えることで、一を聞いて十を知ることができるようになる」という話をしました。その具体的なやり方が、この問題に表れているのです。

つまり、発想力を鍛えるためには、**目の前にあることを「正しい」と思って見るのでは**

「文系バカ」が、日本をダメにする

「文系には『裏側』が見えていない！」という警鐘の1冊。理系的な思考で物事の「裏側」をとらえないと、あっという間に騙されてしまうということを、過激な語り口で教えてくれます。この本自体にも疑いの目を向けつつ、読んでみてください。

高橋洋一著　WAC BUNKO

なく、「間違っている」と思って見ることで、裏側を探せばいいのです。

人間は目の前のことを肯定しがちです。たとえば何かの意見を聞いて、「反対です！」と言う人ってほとんどいないですよね。ほとんどが、「そうですね、それはいいんじゃないですか？」と肯定してしまうと思います。なぜかというと、肯定よりも、否定のほうがエネルギーを使うからです。

でもそこで、あえて「否定」してみる。肯定的にとらえていることを否定してみる。そうすることによって、裏側を見ることができるようになるのです。

僕たちの目の前にあるすべてのことを、ＣＨＡＰＴＥＲ１では「結果」、ＣＨＡＰＴＥＲ２では「下流」、ＣＨＡＰＴＥＲ３では「手段」だとお話ししました。ＣＨＡＰＴＥＲ４で僕が言いたいのは、**僕らの目の前にあるのはすべて「表側」の情報**だということです。

何となく人の話を聞いたら「正しそうだなあ」と思ってしまうし、何か賛成意見を書いたら「これでいいんだ！」と考えてしまう。そして「確証バイアス」によってそれを疑うこともない。

「いや、でも本当にそうだろうか？」「何か間違っているポイントはないかな？」と考えてみるのです。**これこそが裏側思考。いわば、斜に構えて物事を見ること**です。

東大思考
Point 29

肯定を否定、否定を肯定してみる習慣で、裏側探しの力が身につく！

「裏側探し」の5STEP

・裏側を見た人が、成功してきた

世の中のアイデアの多くは、こういうふうに「裏側」を見た人が思いついたものです。

たとえば、エジソンやファラデーなど、学校で体系立った勉強をしたわけではないのにさまざまなアイデアを生み出した偉人たちがいます。彼らの偉業は、なぜ実現したのでしょうか。

彼らは、**学んでいなかったから、先入観抜きで物事をとらえることができた**。そこにこそ、発想力の源泉があったのです。何にも知らない第三者のほうが鋭い意見や冴えたアイ

デアを思いつくというのは、古今東西、どこでもありえます。

どうしてそんなことが可能なのかというと、**知らない人のほうが「表側」にとらわれず、「裏側」を見ることができる**からです。先入観とか、正しいという思い込みとか、バイアスとか、そういう諸々の色眼鏡に惑わされずに、きちんといろんな立場から物事を見ることができる。

だから、素朴に「え？　これってムダじゃない？」「この理論ってよくわかんないけど、こうしたほうがよくない？」と考えられる。そういうときに、新しい発見や新しいアイデアが生まれるのです。

これが**「裏側探し」**です。

というわけで具体的に、「裏側探し」の方法をご説明します。

・STEP0　裏側を考えたい物事を1つ決める

日々のニュースや、本や文章の中で描かれている、ちょっとした内容を選んでみましょう。

・STEP1　肯定・否定選び：その物事を、自分が肯定的にとらえているか否定的にとらえているかを考える。選べないときは「どちらかと言えば」で問題ない

どちらかと言えばで問題ないので、それに対して賛成か反対か、考えてみましょう。きちんとスタンスを決めて初めて、その裏側が見えてきます。必ず決めましょう。

・STEP2　表側探し：肯定的に思っているなら肯定する理由を、否定的に思っているなら否定する理由を列挙する

自分が賛成または反対を選んだ理由を、いくつか列挙してみてください。理由がたくさんあればあるほど、次のＳＴＥＰがうまくいきます。

・STEP3　裏側探し：自分と反対の立場を支持する理由を列挙する

自分が選んでいない立場に立って、それを支持する理由を列挙してみてください。その際、ＳＴＥＰ２で書いた理由の「反対から見た言い回し」を考えてみると、うまくいくことが多いです。

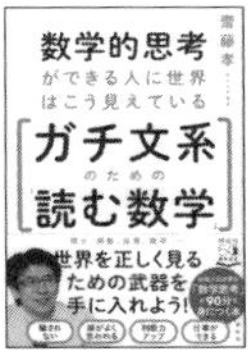

ガチ文系のための「読む数学」

統計学は、裏側を思考する上で不可欠な教養です。統計学を理解することで、物事を見る「視点」が圧倒的に増えるのです。そんな統計学を学ぶ最初の1冊としてオススメなのが、この本です。
齋藤孝著　祥伝社

「反対から見た言い回し」の例

・30%もある→30%しかない
・真面目な人→冗談が通じない人
・大雑把な性格→シンプルに物事を考える人

・STEP4　別軸・別の観点探し：「賛成」「反対」以外の対立軸や別の切り口を考えてみる

賛成か反対かだけではなく、別の対立軸や観点の違い（経済的・法的・道徳的・倫理的・歴史的、などなど）や第3の道（中道・条件つきの賛成や反対など）を考えてみましょう。

なお、STEP4の「別軸・別の観点」は、次の「視点探し」でも出てくる話なので、そちらもご覧ください。

「裏側探し」の具体例

1

STEP0　「新型コロナウイルスで外出自粛中に営業していたパチンコ店の店

舗名を公表すべきか否か」を考えてみる

STEP1 「肯定」を選んでみる

STEP2 【肯定する理由】

・パチンコ店は三密が揃う空間なので、感染者数の拡大につながりかねない

・緊急事態宣言の特別措置法に基づくので、法的には認められている

STEP3 【否定する理由】

・公表することで開いている店舗が周知されてしまい、逆に感染者数の拡大につながるかもしれない

・法的に認められているからといって何でも許されるわけではない。生活がかかっている人もいるので、倫理的に問題があるのではないか

STEP4 感染者の拡大経路の観点／倫理的な観点と法的な観点の対立／それ以外に方法はないのかという観点

プチ「日常の解像度」トレーニング No.23

Q. 日本のスーパーでカボチャの生産地を見ると、北海道産も多いですが、実はオーストラリアから輸入されていることも多いです。なぜオーストラリアからの輸入が多いのでしょうか？

「裏側探し」をやってみよう！

【問題】

２０２０年度以降、小学5年生から英語が必修科目になりました。これについて、賛成の立場と反対の立場、それ以外の別軸を考えてみましょう。

【答え】

・賛成

「グローバル化が進む現代社会において、英語を早期に学び始めることは急務」

「早く英語を学ぶことができれば、その分英語の習得が早くなり、これからの時代に求められる人材になれる」

・反対

「まずは日本語をきちんと勉強しないと、英語の習得も遅くなる」

「生徒の勉強時間が伸びてしまい、課外活動の時間がなくなってしまう」

・別軸

プチ「日常の解像度」トレーニング No.23

A.これは日本人という立場で考えるとわかりやすいです。日本人って、年中カボチャを食べますよね？　でも、カボチャにも旬の季節があります。カボチャの旬は7～12月と言われていますが、1～6月に食べたい人だっていますよね？　そこでオーストラリアの出番です。オーストラリアは南半球にあって、日本とは季節が逆です。だから日本でつくれない時期に、オーストラリアから輸入しているわけです。

「『小学5年生から』が適切なのか？　小学6年生からでもいいかもしれないし、小学3年生から始めたほうがいいかもしれない。いつの時期からがいいのか？」

「英語でいいのか？　世界でもっとも多くの人が話しているのは中国語なのだから、中国語のほうが大切になってくるのではないか？」

東大思考

Point 30

まず「自分の立場」を決めた後、それを否定する意見を考える

3
視点探しで「さまざまなものの見方」を身につける：裏側思考②

「視点探し」でアイデアがどんどん深まる

・対極にある視点を、意識的に行き来する

さて、「裏側探し」は、あえて肯定なら否定の、否定なら肯定の見方をすることで、自分の「世界の見方」をずらす思考法でした。そして**「肯定・否定」以外にも、世の中には多くの「表側」「裏側」が存在しています**。

たとえば世の中には、楽観的に物事をとらえる人と、悲観的に物事をとらえる人がいます。

英語には、楽観的なことを「glass half full」、悲観的なことを「glass half empty」という言い回しがあります。

これは、とある心理学の実験がもとになっているものです。

グラスの中に、水を半分入れます。これを被験者に見せて、「グラスの中の水を、あなたは『半分も』入っていると思いますか？　それとも『半分しか』入っていないと思いますか？」という質問をしたのです。

この質問に「半分も」と答えた人は普段から楽観的な考えをする人で、「半分しか」と答えた人は悲観的な考えをする人だったのだそうです。

ある人にとって半分の水は「いっぱいに入っている（full）」のと同じに見えて、ある人にとっては半分の水は「入っていない（empty）」のと同じに見える。

これと同じで、**僕たちは知らず知らずのうちに、楽観か悲観か、どちらかの見方に偏ってしまっています**。でも**大切なのは、両方を理解すること**です。

いっぱいに見えるグラスが空っぽだと考えてみたり、空っぽに見えるグラスをいっぱいだととらえてみたりすることで、「ああ、自分は悲観的すぎたのかもしれない」「自分は楽観的に物事を考えていたのだな」と理解できる。

そうすれば、複数の立場に立って物事を考えられるようになるのです。

・3000年以上続けられる「思考トレーニング」

「賛成」「反対」や「楽観」「悲観」のように、2つの立場に分かれて話をする。これ、どこかで聞いたことありませんか?

そう、ディベートです。2つの陣営に分かれて、どちらが正しいかをディスカッションする。これは古代から、それこそ3000年以上続けられてきた行為です。

でもどうしてディベートが、そんなに長い間行われてきたのか? これは、賛成と反対で白黒はっきりつけるためではありません。はっきり言って、**賛成でも反対でも、楽観でも悲観でも、そんなことはどうでもいい**のです。

大切なのは、賛成の人は反対の意見を聞いて「なるほど、そういうこともあるのか」と、反対の人は賛成の意見を聞いて「それも一理あるかもしれない」と考えること。そんなふうに**思考を深めることこそが、ディベートの本質**なのです。

これからご紹介する**「視点探し」**は、この**「ディベート」を自分の中でやってみる思考法**です。「肯定・否定」を問わず、いろんな考え方を自分の中にストックすることができます。

東大思考
Point 31

物事を両面から見る訓練は、3000年以上続けられてきた「思考トレーニング」である

自分自身でディベートする「視点探し」

・東大生は議論が好き

先ほどから僕は、「目の前のものを正しいと考えず、否定的な要素を探す」ことの大切さをお話ししてきました。そしてディベートや議論は、それを深めてくれるものです。

その証拠に、**東大生って議論がめちゃくちゃ大好き**なんです。

東大生同士でグループを組んで何かをやろうとすると、必ずと言っていいくらい議論が起こります。「これはもっとこうしたほうがいいんじゃないか?」と、誰かが誰かの意見に対して、必ず反対します。

「え、それって東大生は仲が悪いってこと?」と思うかもしれませんが、そんなことはありません。そうではなく、**議論したほうが、よりよいアイデア、より深い考えが得られ**

ると知っているのです。

議論が起こらないのは、つまらない。だから人によっては、「あ、みんな賛成なんだ。じゃあ俺、あえて反対意見を言うね」と、状況によって立場をわざと変えて、議論が起こるようにすることもあるのです。

・議論があるほうがいいアイデアが生まれる

同じ意見だけよりも、複数の意見が集まったほうがいいアイデアが出る。それはすべてにおいて言えることです。

たとえば、こんな実験があります。

10人の人を集め、心理テストを受けてもらったあと、サバイバルゲームをしてもらいました。

このとき、心理テストの診断結果を見て、「同じタイプの人」を集めたAグループと、「違うタイプの人」を集めたBグループをつくりました。各グループで30分間相談して戦略を練り、その後で実際にゲームをし、どちらのグループが勝つのかという実験です。

まず、30分の作戦会議のときに、AグループとBグループで大きな違いが出ました。Aグループの作戦会議は同じ意見ばかりで「それいいね！　そうしよう！」と議論することもなく10分であっさりと終わりました。これに対してBグループはなかなか戦略がまとまらず、「いや、もっとこうすべきだ」と時間ぎりぎりまで作戦会議が白熱したのです。

肝心の勝負はというと、一瞬でした。**あっという間にBグループが勝利した**のです。

一見すると、Bグループのほうは最後まで揉めていたのでいい戦略なんて思いつきそうにないですよね。Aグループのほうがスムーズに決まって問題がなさそうな印象を受けます。

でも、Aグループはまったく議論がなかった。だからアイデアが深まることなく、うまくいかなかったというわけです。

これは、僕らの頭の中でもそうです。**自分のものの見方が1つであるうちは、どんなに頑張ってもいいアイデアは出ません。さまざまな見方に立って、発想力を磨く必要がある**のです。

1%の努力

ひろゆきさんは、他人とまったく違う切り口から物事を考えてみることの大切さを教えてくれる人です。その中でもこの本は、常識にとらわれない目線で物事を描いており、非常に勉強になります。さまざまな視点を得たいのであれば、この本はオススメです。

ひろゆき著　ダイヤモンド社

東大思考
Point 32

「ものの見方」を増やせば、いいアイデアにたどり着く！

「視点探し」の4STEP

このように、**自分の中に複数の視点を取り込む方法が「視点探し」**です。「視点探し」は、次の4STEPで行います。

・STEP0　いろいろな視点から見たいものを1つ選ぶ

先ほどの「賛成・反対」で扱った内容でも大丈夫ですし、それ以外でも問題ありません。勉強として知っておきたい内容でも、これからの人生のような大きな枠組みで考え、結論を出したいものでも大丈夫です。

・STEP1　視点調べ：その物事を調べて、どういう立場が存在するのかを考える

肯定／否定、楽観／悲観、急進／穏健／折衷……その物事を取り巻くいろいろな立場・

意見を探してみましょう。

何かの戦略で言うなら、「勝つ」という目的があるにしろ、「速攻で勝つ」のか「じわじわ粘って勝つ」のかには差がありますよね？ こんなふうに、1つの物事を複数の視点で考えてみましょう。先ほどの「裏側探し」の、「別軸・別の観点」も参考になります。

・STEP2 視点選び：その立場の意見を3つに分けて列挙する

仮に意見が多かったとしても、3つに絞ってまとめてみましょう。CHAPTER2の「要約づくり」も一緒にやってみてください！

・STEP3 結論づけ：どの視点が自分にとっていちばんいいと思ったのかを考える

自分にとってはどれがいちばんいい立場かを考えてみてください。これは客観的なものではなく、主観的な判断で問題ありません。

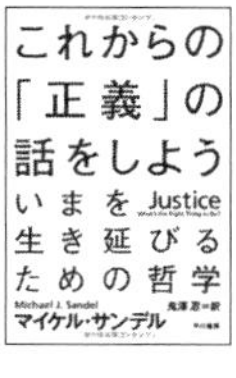

これからの「正義」の話をしよう

「世の中にはさまざまな対立軸がある」ということを実感するための本としてオススメなのが、この1冊です。道徳的な問いを考えるさまざまな観点を提供してくれているので、「そういう考え方もあるのか」と視野が広がります。

マイケル・サンデル著　ハヤカワ・ノンフィクション文庫

「視点探し」の具体例

1　英語学習を小学5年生からに早めていいのか?

・肯定／否定（早めてよかった／早めないほうがよかった）

・急進／穏健（もっと早くこの施策をするべきだった／もっとゆっくり整備したほうがよかった）

・指導者側／生徒側（英語を教えられる教員が不足しているのでよくないと思う／生徒の負担が大きいのでよくないと思う）

・教育学／社会学（教育学的な観点から言って、英語を習得するためには、その前に日本語の習得が不可欠なのでよくないと思う／社会学的な観点から言うと、それだけ英語が重視されている世の中なのだと世間にインパクトを持って発表できるのでいいと思う）

↓教育学的な観点の、「英語を習得するためには、その前に日本語の習得が不可欠なのでよくない」がもっともよく理解できるし、それが本当なら時間のムダになってしまうので、やめたほうがいいと考える。

2　新型コロナウイルス感染が拡大していた時期に、全国の学校を休校にしてよかったのか？

・賛成／反対（休校は必要だった／休校は必要なかった）
・楽観派／悲観派（全国的な休校をしなくても、地域ごとの休校でよかった／人の生死がかかっているのだから、多少やりすぎでもやったほうがよかった）
・折衷派（完全な休校ではなく、受験がある小学6年生・中学3年生・高校3年生のみ休校を解除するほうがよかった）

↓「人の生死がかかっているのだから、多少やりすぎでもやったほうがよかった」が自分ではもっともよく理解できる。たしかに、命にまさるものはない。

プチ「日常の解像度」トレーニング　No.24

Q. みなさんはティッシュをよく使いますか？　ティッシュって、よくよく見ると2枚重ねになっていますよね。あれはいったい、なぜなのでしょうか？

「視点探し」をやってみよう！

【問題】

Q1 「今年からタバコを全面的に禁止するという法案についてどう思うか」という論題には、どんな立場が考えられるでしょうか。

Q2 「憲法改正についてどう思うか」という論題には、どんな立場が考えられるでしょうか。

【答え】

A1
・賛成／反対（やったほうがいい／やめたほうがいい）
・急進／穏健（早めに行うべきだ／どんな社会問題が発生するかわからないので、段階的に行うべきだ）
・部分的に賛成／部分的に反対（現状よりも厳しい規制が必要なのは確かだ／禁止ではなく、禁煙を勧告するにとどめたほうがいい）

プチ「日常の解像度」トレーニング No.24

A.これは使う側に配慮された結果であり、大きく分けて2つの理由があります。1つは強度の問題。1枚で厚い紙にするよりも、薄い紙を2枚重ねたほうが、強度が増して手触りがやわらかくなるのだそうです。もう1つは、2枚重ねにしたときにできる真ん中の空間に空気が入って、この部分がより水分を吸収してくれるのだそうです。普段何気なく使っているティッシュですが、使いやすくするためにいろんな工夫がされているんですね。

A2
・賛成／反対（やっていいと思う／やらないほうがいいと思う）
・急進／穏健（すぐに行わなければならない／時間をかけてやっていかなければならない）
・部分的に賛成／部分的に反対（そもそも、どの条文を変えるかで論点が変わる。9条の改正なのか、緊急事態条項を加えるという論点なのか）

東大思考
Point 33

自分の頭の中でディベートをし、「議論」しつくそう！

THE UNIVERSITY OF TOKYO THINKING TECHNIQUES

CHAPTER 5

本質思考で「どんな問題もスラスラ解決」できる
——東大生は「ミクロ」と「マクロ」を行き来する

1 東大生は、「問題を解決する力」が優れている

さて、最後のＣＨＡＰＴＥＲになりました。この本ではここまで、さまざまな「頭のいい人」の特徴をお話ししてきました。

最後にお話ししたいのはやっぱり、「問題を解決できる」ということ。「問題をきちんと解決できる人」こそが、頭がいいと僕は思います。

東大生も、東大の入試問題が解けなければ東大には合格できません。また、実社会でも

さまざまな問題や困難に立ち向かう力を持っている人こそ、頭のいい人だと言っていいはずです。

では、どうして問題を解決できるのか？　このCHAPTERでは、その謎を解き明かしていきたいと思います。

問題解決には「伏線を見つける能力」が大切

・何気ないところに、目ざとく気づく能力

問題を解決できる人は、どういうところが優れているのでしょうか？

みなさん、ミステリー小説やサスペンスドラマを想像してみてください。ミステリー小説やサスペンスドラマでは、探偵役の人が事件を解決する場面がありますよね。でも探偵役はいったいどうして、事件を解決できるのでしょうか？

たとえばミステリー小説で、主人公たちが「あれ、こんなところに斧が飾ってあるよ！　これはいったい何だろう？」などと語り合う場面があったとします。それって絶対、何かの伏線ですよね？　その斧で事件が起こるのかもしれませんし、その斧が犯人を指し示す証拠になっているのかもしれません。その斧が盗まれる事件が起こるのかもしれませんね。

何かはわからないけれど、意味ありげに描写されたということは、絶対に意味があるのです。そのまま最後まで斧のことが出てこない小説なんて読んだことないですよね？

探偵役は、こういう何気ないところに目を向けています。終盤になって、「そうか！　あのときの斧がこの事件の鍵だったんだ！」と気づいて、それを糸口に事件を解決していくわけです。

周りの誰もその斧に目を向けていなかったのに、探偵だけはその斧のことを覚えていて、そして事件を解決できる……。これがミステリーの王道パターンですよね。

「一見事件とつながらない伏線」を目ざとく見つけることができる。これが、探偵が事件を解決できる大きな要因の１つなんです。

・東大入試の問題文に隠された秘密

そしてこれは、東大の入試問題でも同じです。

たとえば少し前に、東大入試の地理で、次のような問題が出題されました。これは地理の知識がなくても解ける非常にいい問題なのですが、みなさんはこの問題のどのポイントが「問題を解く鍵」になるのかわかりますか？　みなさんが受験生だったら、この問題文のどこに線を引くでしょう？

> 成田空港から北京や上海に向かう航空便の利用者数は、過去10年間に増加してきている。その理由を60字以内で述べよ。
>
> 〈２００５年 東大地理 第3問A問題より抜粋。一部改変〉

さて、この問題文には重要なポイントがあるのですが、わかりますか？　「成田空港」でしょうか？　「北京や上海」でしょうか？　「60字」というのがポイントという可能性もありますよね？

そこも大事なのですが、東大生がこの問題を見たときに線を引くポイントは１つ。**「過去10年間」**です。２００５年から見て「過去10年」ですから、１９９０年代半ばからのことですね。

ミステリー小説と同じで、問題を出す側だってムダなことは書きません。先ほどの斧と同じで、**「過去10年」と書いたからには、そこには絶対に意味があるのです**。過去5年でも、過去20年でもなく、「過去10年」ということは、10年前に起こったことがきっと何らかの意味を持っているのだと解釈できます。

だから、「じゃあ、10年前に中国や日本で起こった出来事は何だろうか？」と、この問題の内容と結びつけて、問題解決の手がかりを探すのです。

そう考えて問題文を読み返すと、「航空便の利用者」と書いてあります。これはつまり、中国に行く人が増えたってことですよね。ということは、中国で、過去10年の間に何かが起こり、それによって中国に行く人が増えたということです。

「そうだ！　そう言えば中国では10年前から改革開放政策が進展していたんだった！」

「２００１年に中国はＷＴＯ（世界貿易機関）に正式加盟しているよな、それが背景かも！」

と、いろいろな事柄を思いつくことができます。

「改革開放・ＷＴＯの加盟で、中国への観光客が増えたんじゃないかな！」「きっとビジネス客も増えているはずだ！」と。そうやって、問題を解決できるわけです。

探偵も東大受験生も、問題を解決する能力が高い人の特徴は同じです。

要は、**何気ない物事の中から「伏線」を見つける能力が高い**のです。**細かいポイントに気づいて、それを解決の糸口・問題を解決する鍵にすることができる**。だから問題を解決できるのです。

これもまた、CHAPTER1からCHAPTER4まで、この本でずっとお話ししてきた、**「日常の解像度」の違い**なのです。

> **東大思考 Point 34**
>
> **東大生は、何気ない物事の中から「伏線」を見つける能力が高い！**

「ミクロな視点」と「マクロな視点」

・「ミクロな視点」と「マクロな視点」が問題解決の鍵になる

さて、この「伏線」を見つけ、それを問題解決の鍵にする能力は、別の言い方をすれば**「ミクロな視点」と「マクロな視点」の両方を持っている**ということです。

「ミクロな視点」とは、小さく小さく、細かいところを部分的に見ることです。逆に**「マクロな視点」**とは、大きく大きく、広い視野で全体的に見ることです。

新聞を読むとき、虫眼鏡で一部分を拡大することもできれば、大きく広げて全体を眺めることもできます。**頭のいい人とは、一部分を拡大することも全体を眺めることも、自由自在にできる人**のことです。

ミクロとマクロ、両方の視点で見ることができるからこそ、どんな問題でも解決できるのです。

・細かいところに目が届く「ミクロな視点」

もう少し詳しく、順番にお話ししていきます。

まず、**「ミクロ」というのは、「部分」を見る視点**のことでした。事件全体ではなく、その現場にあった斧とか、その場に居合わせた人のちょっとした仕草とか。問題文全体ではなく、文章の何気ない数字とか、地名とか。

日本には1億人以上の人がいるわけですが、その1億人の中にもいろんな人がいるわけで、1人ひとりの生活があります。この何気ない、ちょっとした、1人ひとりの部分が「ミクロ」です。

たとえば先ほどの「伏線」は、事件や問題におけるただの一部分でした。

「細かいことが気になってしまうのが、僕の悪い癖」というのがテレビドラマ『相棒』の杉下警部の口癖ですが、「伏線」はまさにそういう「細かいところ」です。**全体を見ているだけではわからないような細かいところを指して「ミクロ」と呼ぶ**のです。

でも、細かいところが気になるだけでは、問題は解けません。先ほどの斧も、斧自体には何の意味もありませんよね。杉下警部も、細かいところが気になっているだけでは、事件は解決できません。

その細かいポイントが、実は事件全体の中で重要な意味を持っていることに気づいて初めて、解決の糸口になるのです。

大切なのは、**その細かいポイントを、いかに問題全体と結びつけるのか**です。

たとえば先ほどの東大入試問題なら、「過去10年」と問題全体とを結びつけることで、「WTOへの加盟」「改革開放」といった問題を解くキーワードが見えてきたのです。ミクロをマクロに結びつけて初めて、問題は解決できるのです。

プチ「日常の解像度」トレーニング No.25

Q. 「遍在」という熟語がありますが、同様の読み方で「偏在」という熟語もありますよね。これらは、どこが違うのでしょうか？

・大きな流れの中で物事をとらえる「マクロな視点」

次に**「マクロ」とは「全体」を見る視点**のことでした。部分部分ではなく、全体を俯瞰してとらえる視点です。

事件で言うならば、その事件がどういう事件なのかを大枠でとらえようとしたときに見えてくるもののことを言います。**短期的ではなく長期的に、目の前のことではなく大きな流れの中で物事をとらえる。これがマクロなものの見方**です。

「頭のいい人＝物事を俯瞰してとらえることができる人」だと考える人も多いと思います。広い視野で、長期的な展望で何かを語る人は、社長やリーダーの資質のある頭のいい人というイメージがありますよね。

チェスや将棋などでも、「大局をつかむ人」は非常に強いと言われます。短期的に駒がとられても、「大丈夫だ、あとでこの分は返ってくる。それよりもこっちのほうが今は大切だ！」と長期的な視野で戦うので、最終的には勝っている。**大局観がある人は頭がいい**と言っていいでしょう。

しかし、これも先ほどと同じで、**全体を俯瞰して物事を見ることは重要でも、それだけ**

プチ「日常の解像度」トレーニング No.25

A.「偏在」は「偏り（かたより）」という漢字が使われていることから「特定の場所に偏って存在していること」です。「遍在」は「遍く（あまねく）」という漢字が使われていることから「いろんな場所に広く存在していること」を指します。「偏在＝ミクロ」「遍在＝マクロ」というわけですね。

で問題は解決できません。広く、長期的に物事をとらえているだけでは、目の前のことがおろそかになりがちです。将棋でも、数十手先を考えていたら次の手で負けてしまった、なんてことも起こるかもしれませんよね。

大局観は、「ミクロな視点」に支えられて初めて意味があるのです。

・頭のいい人は「ミクロな視点」「マクロな視点」の両方を持てる

これは、日常生活のレベルでも同じです。

たとえば、まったく現場に来ないで、ただ10年後のことだけを考えて指示を出しているリーダーとか、全然魅力的じゃないですよね。優秀な成績を収め、医学の何たるかをしっかり勉強した医学生も、現場で一度も患者さんと対面していなければ信用できません。

会社でも、物事を俯瞰して見ている管理職側と、毎日一生懸命働いている現場側とでは、意見が分かれてしまうことがあります。

大枠や全体だけを見ていたら、細かい部分を忘れてしまう。でも細かい部分だけを見ていても、大枠や全体を理解できない。**両面を持ち合わせていないといけない**のです。

サードドア：精神的資産のふやし方

成功者たちが成功をつかんだ方法を、本質的なレベルまで掘り下げて考えようとする1冊です。しかもそれを、日常生活のレベルに落とし込む方法まで教えてくれるので、自分の日常に応用できます。『東大思考』を読んだ後に、特にオススメです。

アレックス・バナヤン著　東洋経済新報社

東大思考
Point 35

「ミクロな視点」と「マクロな視点」、両面を持ち合わせることが大切！

頭のいい人は「ミクロな視点」と「マクロな視点」を自由に行き来する

・「マクロとミクロを行き来する人」こそ、頭のいい人だ

マクロな視点もミクロな視点も両方大事、ということはわかってもらえたでしょうか？

ここで強調したいのは、**「マクロとミクロを行き来する視点」こそが、頭のいい人の本質**だということです。どちらか片方に偏らず、マクロとミクロの両方を行ったり来たりすることができる人は、問題を解決できるのです。

先ほどの探偵の例で言えば、ミクロな目線で見つけた「斧」という手がかりを、マクロな目線で全体と結びつけることで、事件解決の糸口を見つけました。

東大入試問題の例で言えば、ミクロな目線で「過去10年」を見つけただけでなく、マクロな視点で問題を俯瞰することで、「航空便利用者が増えたっていうのは、つまり中国に

行く人が増えたってことだよな？　じゃあ中国で過去10年に何が起こったんだろうか？」
という思考が可能になり、キーワードに気づくことができたはずです。

大切なのは、**「ミクロ」と「マクロ」の両方を行き来すること**なのです。

・4つの思考法はすべて「マクロ」と「ミクロ」を行き来するもの

実は、ここまでこの本でご紹介してきた4つの思考法はすべて、この「ミクロ」と「マクロ」を行き来するための思考法でした。**原因思考も上流思考も目的思考も裏側思考も、ミクロとマクロを行き来する手段**だったのです。

原因思考は「結果」から「原因」を思考するやり方でした。すべての物事は結果だととらえて、その結果を引き起こしたであろう原因を探る思考法です。

これは、**結果というマクロな物事から、原因というミクロな事柄を見出す行為**です。事件という結果があって、その原因となった犯人を探すのと同じです。

つまり**原因思考は、「マクロ」→「ミクロ」へと至る思考法**だったわけです。

上流思考は「下流」から「上流」を思考するやり方でした。すべての物事は下流だととらえて、その下流に行き着くに至った上流となる背景を探る思考法です。

これは、**見えているミクロな事柄から物事の流れというマクロを知ろうとする行為**です。犯人の犯行という下流のミクロな事象があって、そこに行き着いてしまった動機や経緯、背景をマクロな目線で調べるのと同じです。

つまり**上流思考は、「ミクロ」→「マクロ」へと至る思考法**なのです。

目的思考は、「目的」から「手段」を導き出す思考法でした。すべての物事を手段だととらえて、いかにして目的を達成するかを考えるやり方です。

これは、**手段というミクロなものを、目的というマクロなものから逆算する行為**です。殺人事件を解決するという目的があって、その犯行の手口は何なのか手段を探す。

つまり**目的思考は、「マクロ」→「ミクロ」へと至る思考法**だったわけです。

裏側思考は、「表側」から「裏側」を思考するやり方でした。すべての物事は表側だととらえて、裏側を考えてみる思考法です。

これは、**見えているミクロな事象に対して、マクロな見方を考える行為**です。斧とか過去10年とか、そういう些細で小さなミクロな物事を、さまざまな目線で眺めて解決の糸口を探す。

つまり**裏側思考は、「ミクロ」→「マクロ」へと至る思考法**だったわけです。

・日常の解像度を高めると、もっとミクロに、もっとマクロに物事を見られる

そして、この本でずっと紹介している**「日常の解像度を上げる」という考え方もまた、マクロとミクロを行き来することに他ならない**のです。

日常生活を送っていると、マクロでものを見ることもあれば、ミクロでものを見ることもあります。「日本の経済が落ち込んでいる」という話をニュースで聞くこともあれば、「近所のスーパーが潰れるらしいよ！」と噂を聞くこともあります。

頭のいい人とは、**何かを見たとき、もっとマクロに考えることも、もっとミクロに考えることもできる人**のことです。

「日本経済が落ち込んでいるから、近所のスーパーがどんどん潰れていくかもしれない」と考えることも、「近所のスーパーがどんどん潰れているのは、日本経済が落ち込んでいるということなのかもしれない」と考えることもできるということです。

プチ「日常の解像度」トレーニング No.26

Q. なぜ「コンビニ」は、小売店なのにATMやコピー機、チケット券売機、クリーニングや宅配便受付など、もの以外のさまざまなサービスを取り扱っているのでしょうか。

マクロとミクロは、いろいろな方法で行き来できます。

「日本経済が落ち込んだのには理由があるはずだ！」と原因を考える。
「近所のスーパーが潰れている背景は何だろう？」と上流を考える。
「日本経済が落ち込んでいる中で、どんなことができるだろうか？」と目的や手段を考える。
「近所のスーパーが潰れたという事実には、どのようなとらえ方があるだろうか？」と裏側を考える。

「近所のスーパーが潰れた」というたった1つの事実から、こんなにいろいろなことを考えられるのです。

でも、世の中の多くの人はそうはしないで、「へえ、潰れたんだ」で思考を止めてしまう。

マクロとミクロを行き来する努力をする人こそが、頭がいい人になれます。逆に言えば、頭がいい人とそうでない人との違いは、その程度のことでしかないのです。

普段からよりマクロに、よりミクロに物事をとらえるようにすれば、原因を知ることで結果を覚えられ、上流を知ることで下流を要約でき、目的を知ることで説明しやすい手段

プチ「日常の解像度」トレーニング　No.26

A. そもそも、「コンビニ」は「コンビニエンスストア」の略。「コンビニエンス」は「便利」という意味です。つまり、コンビニとは「便利を売るお店」と考えることができます。だからこそ、コンビニは「より便利な機能を持てるように」さまざまな工夫がなされています。もともと、自らを「小売店」とは定義せず、「便利」という一点に集中しているお店なのです。

を得られ、裏側を知ることで多くの見方で表側を見ることができる。
それが、この本でここまでご紹介してきたことの正体なのです。
まとめると、こういうことです。

- 物事には、部分を見るミクロなものの見方と、全体を俯瞰するマクロなものの見方がある
- ミクロな視点とマクロな視点、両方持ち合わせている人が頭のいい人
- ミクロとマクロ、両方を行き来することで、問題を解決できるようになる

このようにミクロとマクロを行き来する思考、すなわち**「本質思考」**をすることで、問題解決が可能になります。ここから、本書で紹介する最後の思考法、「本質思考」についてお話ししていきます。

東大思考
Point 36

「ミクロ」と「マクロ」、両方の視点を行き来することで、問題解決力が身につく！

2 本質探しで「もっとも大切なこと」を抽出する：本質思考①

本質をとらえられる人こそが、頭のいい人

「本質思考」。これこそ、この本でもっとも書きたかったテーマです。なぜなら、**どんな意味で「頭のいい」人でも、突き詰めて考えればこの能力が高い人**だと言えるからです。

先ほどから僕は「マクロとミクロを行き来できる人が頭がいい」という話をしています。

なぜマクロとミクロを行き来するのでしょうか？

それは、本質をとらえるためです。本質をとらえられる人こそが、頭のいい人なのです。

・「本質」とは何か？

『羊たちの沈黙』という映画があります。この映画の中で、高名な精神科医かつ猟奇的殺人鬼であるハンニバル・レクター博士が、主人公にこう助言します。

「本質を見ろ」

この言葉で主人公は事件の真相に気づき、犯人が誰なのかを理解するのです。

この言葉は、非常に重要な考え方だと思います。物事の本質をとらえることは、非常に重要です。**本質をとらえることによって、簡単に暗記でき、きちんと要約でき、うまく説明でき、いろんな発想ができて、そして問題を解決できるようになる**のです。

では、本質とはいったい何なのでしょうか？

これは、一言では説明しにくいものですが、**「これさえわかれば、あとは楽になる」**ものなのだと思います。これを覚えておけば簡単に暗記できる。これを語れば簡単に要約できる、説明できる。これを知っておけば一を十にすることができる。そんな、**物事の核**となるもののことを指します。

一九八四年

非常に本質的なことを教えてくれる小説。戦後すぐに刊行された本書は、「1984年には、世界はこうなっているのではないか」と予想した1冊であり、その一部は今の世界を見事に言い当てています。現代の社会は、そもそもどんなところなのか——そんなことを考えるのに適した1冊です。

ジョージ・オーウェル著　ハヤカワepi文庫

つまりは、**原因であり、上流であり、目的であり、裏側であるものが「本質」**なのです。ここまで本書で説明してきたすべての思考は、本質をつかむための思考法だったというわけです。

たとえば先ほどの東大の入試問題で言えば、「中国が改革開放を進めた」ということがわかれば、あとは問題がパパッと解けたはずです。これが、この問題における「本質」でした。

これは日本人が中国に観光に行くきっかけとなった「原因」「背景」であり、日本企業が多く中国に進出し、ビジネスという「目的」で行く人が増えた「原因」「背景」でもあります。ただ観光客が増えたということではなく、「裏側」にあった事情です。

だから、これさえ理解しておけば、楽に暗記できるし、要約もできるし、説明も可能だし、発想を膨らませられるし、問題だって解決可能なのです。

本質とは、このように「理解しておけば何でもできるようになる、たった1つのポイント」のこと。これをつかむ力が強い人が頭のいい人であり、この本で今まで紹介してきたことはすべて、物事の本質をつかむための方法だったのです。

・東大生が数学にも麻雀にも強い理由

すべての物事には、「本質」があります。これさえ理解しておけばいいというポイントが存在するのです。

僕はCHAPTER1で「数学」の例を出して説明しました。数学は公式も暗記事項も本当に多いはずなのに、頭のいい人は「暗記するべきことなんて少ないじゃないか」と、多くの物事を覚えなくても成績がいい。これは、彼らが数学において「本質」をつかむ勉強をしているからこそ、可能になるのです。

たとえば、中学の数学には「代数」という分野があり、「方程式」とか「関数」とか、そういうものを3年間かけて学んでいきます。数学が苦手だった僕は、「代数って言っても、2次関数の問題があったり、1次方程式があったりと、いろんなことを覚えなきゃならなくて辛い！」と思っていました。

でも、今になって思えば、**実は「代数」で習うものは方程式も関数も全部、本質的には同じもの**だったのです。

そもそも「代数」とは何かと言えば、「代わりの数」の略です。具体的な「数」の「代わり」に文字を使って表すもの。

その文字式が成り立つような状況を考えたときに答えが定まるものが「方程式」で、その文字式をグラフで表そうとしたら「関数」になるのです。ただそれだけです。

それを、僕は勉強しているうちに勝手に「ああ、なんか新しい概念が出てきた！　難しそう！」と考えてしまって、勝手に自爆してしまっていたのです。

つまり、方程式がなんだとか、関数の式を覚えなきゃとか、そんなことばっかり考えていたから、本質を見逃してしまったのです。

「そもそも、代数って何だっけ？」

その本質さえつかんでしまえば、あとは方程式を学ぶときも関数を学ぶときも、その定義と照らし合わせつつ理解しようと試みれば、簡単なのです。

これは学問に限った話ではありません。たとえば、みなさんは麻雀をやったことがありますか？　僕もよく友達と楽しみますが、麻雀が強い東大生はみんな同じことを言います。

「麻雀は、いかに自分が上がるかというゲームじゃなくて、いかに相手を下ろすかというゲームなんだよ」と。

最初はこの意味がわからなかったのですが、麻雀に強くなろうと考えれば考えるほど、この意味が理解できるようになりました。

麻雀は、自分の手牌の中から役を揃えれば点数が得られるゲームで、普通に勝とうとしたら、自分の役を揃えようと考えてしまいます。しかし、そんなふうに自分の手だけを見ていると、周りの人に先を越されたり、相手がほしい牌を捨ててしまって点数を持っていかれてしまったりします。

だからこそ、本当に強い人は、相手がいい役が揃いそうだったらそれよりも先に点数が低くても自分の役を揃えたり、逆に相手にプレッシャーをかけて強気な打ち回しをさせないようにしたりします。

要は、**自分が勝つのではなく、相手に勝たせないようにしようと考えたほうが強くなれる**のです。これが、麻雀というゲームの本質なのだと東大生は語っていました。

これを理解した上で麻雀をやったり、強い人のプレーを見たり、本でテクニックを調べてみたりすると、たしかにこの本質で説明がつくことが理解できました。

何事においても本質があって、それを理解したほうが習得も早いのです。

完訳 7つの習慣 人格主義の回復

成功するための「本質的な7つの方法」が書かれている1冊です。「成功法則」は、ともすれば表面的なテクニックに終始してしまいがちです。しかし、実は本質的なことや裏側を理解することで、よりよい人生を送ることができる……という考え方は、『東大思考』とも共通しています。

スティーブン・R・コヴィー著　キングベアー出版

・ミクロとマクロの間に、本質がある

そして、本質をつかむために必要なのが、先ほどからお話ししている「マクロとミクロの行き来」なのです。

たとえば「なぜ過去10年で上海・北京への航空便利用者が増えたのか？」という問題に対して、「過去10年」というミクロと「中国への訪問者が増えた」というマクロを組み合わせることで、本質である「改革開放の進展」が見えてきます。

麻雀なら、強い人のプレーや1つひとつのテクニックというミクロと、麻雀のルールというマクロを組み合わせることで、本質が「いかに相手を下ろすかというゲーム」だと理解できました。

本質はいつも、ミクロとマクロの間にあるのです。僕らは日常の解像度を上げることで、ミクロとマクロの間にある「本質」をつかむことができるのです。

物事をミクロに見たりマクロに見たりすることで、本質をつかめる。これが頭のいい人がやっていることです。

東大思考
Point 37

何事においても本質があり、それはミクロとマクロの間に存在する

「本質探し」の3STEP

では具体的に、どうすれば本質をつかめるのかについてご説明します。

・STEP1 ミクロ化・マクロ化：よりミクロに、よりマクロにしてみる

ここまでの説明で、何となく「物事はミクロとマクロに綺麗に二分されるんだな！」という印象を受けた方もいると思うのですが、実はそうではありません。

どんな物事も、見方によってはミクロだし、見方によってはマクロです。すべての事象は、もっとミクロにすることも、もっとマクロにすることも可能なのです。

たとえば、「A市の人口が減っている」と聞いて、みなさんはどう感じるでしょうか？ マクロだと思うでしょうか？ ミクロだと思うでしょうか？

これは、全国というスケールで見たときにはA市というミクロな話です。「全国的に人口が減っている市が多い」というほうがよりマクロですよね？

一方、「A市の人口が減っている」というのは何となく大雑把な情報だと感じませんか？「A市では老人の割合が増え、子どもの数が減っている。全体としては人口が少なくなっている」と言われたら、かなり詳細な話ですよね。

つまり「A市の人口が減っている」という情報は、マクロでもミクロでもありうるのです。

ここで、CHAPTER1～4の思考法を使うことができます。

まず**原因思考と目的思考は、よりミクロにするときに使うことができます**。「なぜ人口が減ったのか？」を考えたり、「どの年代の人が、どのくらい減ったのか？」を考えたりすると、よりミクロに物事を考えることになります。

逆に、**上流思考と裏側思考は、よりマクロにするときに使うことができます**。「A市の人口減少には、どんな背景があるのか？」「A市の人口が減ったということは、見方を変えるとどういうことが言えるのか？」と考えることができます。

下の図のように表してみると、わかりやすいですね。

綺麗にマクロとミクロに分けられるということではなく、「どちらかというと」という程度の話。どんな物事もまだマクロにすることができるし、まだミクロにする余地が残っているのです。

・STEP2　ミクロ・マクロ連結：ミクロとマクロの文をつなげて、1つの文にする

ミクロとマクロの両方が整理できたら、そこから本質を抜き出すことが可能になります。

ミクロ寄りのものと、マクロ寄りのものを結びつけて考えてみましょう。具体的には、**1つの文章にしてみる**のです。

A市の例で言えば、「A市では老人の割合が増え、子どもの数が減ることで、人口が少なくなっている」という文章と「日本の人口が減少している」という文章を結びつけて「日

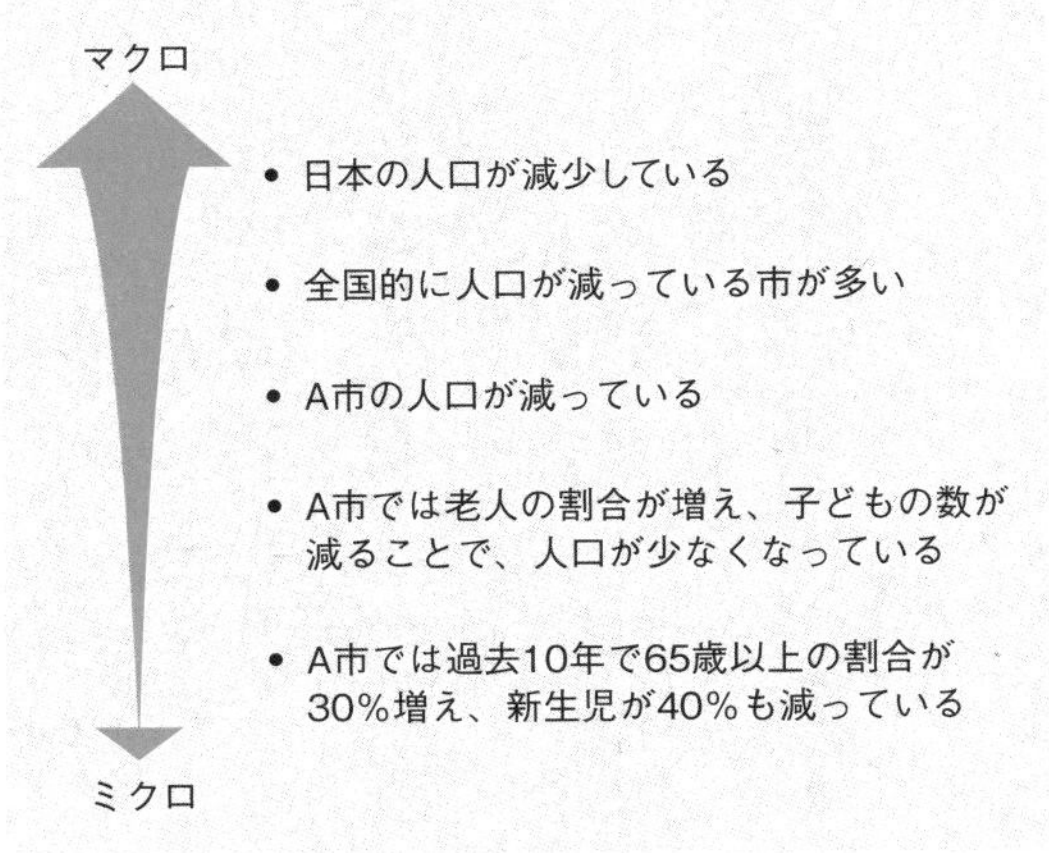

3週間続ければ一生が変わる

偉人たちのさまざまな名言・エピソードとともに、人生に大切なことを教えてくれる本です。世代を超えて受け継がれてきた偉人の言葉には、非常に本質的な内容が含まれています。ぜひ、この本で本質を考えてみてください。

ロビン・シャーマ著　海竜社

本では現在、全国的に老人の割合が増えて子どもの数が減り、人口が少なくなっている」と1つの文章として考えることができます。

こんなふうに、ミクロとマクロを何個か結びつけていきます。その中で「あ、この2つが理解できれば、他のものも説明ができるかもしれない」と思えるような文章ができたら、それが本質にもっとも近い文章になります。A市の場合は「日本では現在、全国的に老人の割合が増えて子どもの数が減り、人口が少なくなっている」です。

・STEP3 本質化：もっとも多くのことを説明できそうな文ができたら、それを短くする。または、その現象を表す言葉がないか探してみる

次はその文章を、短くしてみましょう。2つの文を結びつけたのだから、長くなっていますよね。それを、短く言いまとめればいいのです。もっと言えば、**1つの言葉にしてみる**のです。

たとえば、この「日本では現在、全国的に老人の割合が増えて子どもの数が減り、人口が少なくなっている」なら、これには**「少子高齢化」**という名前がついています。

ニュートンは「リンゴをはじめ、地球上のすべてのものは地球に引っ張られる」という

現象を**「万有引力」**と名付けました。

このように、本質だと思われるものには、もうすでに学術的な名前がついていることが多いのです。**その名前を「本質」だと定義してしまってもいい**でしょう。

このようにして、本質を見つけだすことができるのです。

「本質探し」の具体例

1「勉強において、応用よりも基礎を重視するべきだ」

STEP1
- マクロ化1　基礎が大事だ
- マクロ化2　基礎をしっかり勉強するべきだ
- ミクロ化1　基礎固めをしないと応用できないので、基礎を勉強するべきだ
- ミクロ化2　先に基礎を固めておかないと応用もできないので、基礎を優先するべきだ

STEP2　ミクロ化1とマクロ化1をつなげる

プチ「日常の解像度」トレーニング　No.27

Q. 今、多くの駅前の商店街が、シャッターが閉じたままの店ばかりの、いわゆる「シャッター商店街」になっています。これはなぜなのでしょうか？

「基礎を固めないと応用もできないので、基礎を大事にして勉強するべきだ」

STEP3　「砂上の桜閣」「木は本から」

2「リーダーは何もしないほうがいい」

STEP1　ミクロ化1　リーダーが何もしなくてもいい組織は、強い組織になる

ミクロ化2　システムがうまく回っており、リーダーが何もせず部下が勝手に仕事をする組織は、強い組織である

ミクロ化3　リーダーがつくったシステムがうまく機能しており、リーダーが何か新しい指示を出さずとも部下が勝手に仕事を見つけて自分で動ける組織は、強い組織だ

STEP2　ミクロ化1とミクロ化3をつなげる

「システムがうまく機能し、部下が勝手に動くのでリーダーが何もする必要のない組織を目指すべきだ」

STEP3　システムがうまく機能する＝「チームビルディング」「チームマネジメント」がうまくいっている

プチ「日常の解像度」トレーニング No.27

A. この問題を解く鍵は「駅前」です。地方では、日用品を電車で買いに行くことは少ないです。車で大型ショッピングモールに行って食料品や生活用品を買い、車に荷物をたくさん入れて家まで楽に帰る。そういう人がほとんどです。一方、商店街だと車で移動して買い物することは難しいですよね。そもそも駅を利用する人のための駅前商店街だったわけですから。「電車と車」の話がこの問題の本質だと気づけば、すんなり理解することができるはずです。

「リーダーの最大の仕事はチームビルディングだ」

「本質探し」をやってみよう!

【問題】

Q1 フランス革命の本質とは何か?

Q2 「経済学」の本質とは何か?

Q3 IT化の本質とは何か?

【答え】

A1 フランス革命

STEP1 マクロ化1 世界史の転換点

マクロ化2 フランスで発生した、市民が王政を打倒した革命のこと

ミクロ化１　フランスで起こった、被支配層である市民が支配する側の王政を倒した出来事

ミクロ化２　１７８９年にフランスで勃発した、市民を支配する絶対王政が打倒されて市民主導による政治を行う社会を形成する契機となった出来事

ＳＴＥＰ２　「フランスで起こった、市民が絶対王政を打倒して市民主導の社会をつくった、世界史における転換点」

ＳＴＥＰ３　市民主導の社会＝共和制

「共和制が誕生した、世界史上の転換点」

Ａ２　経済学

ＳＴＥＰ１　マクロ化１　経済を研究する学問

マクロ化２　経済活動や経済の仕組みを研究する学問

ミクロ化１　世の中のさまざまな経済活動や経済の仕組み、人々の合理的な行動を学問的に解釈しようとすること

ミクロ化２　世の中における、お金や商品などの財産の流れや、そ

れをどれくらいつくって、どれくらい使って、どのように分け与えるかなど、多くの経済活動や経済の仕組み、合理的な行動を分析・解釈しようとする試みのこと

STEP2　「お金や商品などの財産をどれくらいつくって、どのように分け与えるのが合理的な行動かを分析する学問」

STEP3　お金や商品や財産＝財・サービス
それをどれくらいつくってどのように分け与えるか＝生産・消費・分配
「財・サービスの合理的な生産・消費・分配を分析する学問」

A3　IT化

STEP1　マクロ化1　情報通信技術を使った仕事の効率化
マクロ化2　情報通信技術を使用することで仕事のムダを省く試み
ミクロ化1　機器・ツール・インターネットデバイスを用いて、企業の仕事の手間を減らしてより効率よく仕事を行えるようにする取り組み

ミクロ化2　スマートフォンやパソコン、アプリやＡＩを駆使して、多くの企業や事業者の仕事の手間を減らすことが可能になり、それによって今までよりも効率よく仕事を行えるようにする取り組み

STEP2　「企業や事業者が情報通信機器を活用して、仕事の手間を減らしてより効率よく仕事を行えるようにすること」

STEP3　仕事の手間を減らしてより効率よく仕事を行えるようにする＝生産性の向上

「企業や事業者が情報通信技術を活用して生産性を向上させること」

東大思考 Point 38

本質にはすでに「名前」がついていることが多い！

3 本質つなぎで「具体と抽象」を行き来する：本質思考②

最速で本質を探す究極の方法

本質の探し方について、ある程度は理解していただけたでしょうか？　僕たちは、これで本質を探すことができるようになったわけです。

さて、実は**これまで紹介してきた過程を踏まないで、一足飛びに本質を探すことができる方法がある**と言ったら、みなさんは怒るでしょうか？

「いやいやいや！　だったら先にそれを教えろよ！」

とお怒りの人もいるかもしれません。でも実は、この方法はみなさんも一度は試しているはずなんです。誰もが一度は見たことのある、とある本の中に、本質が詰まっている。

だから東大生は、その本ばかりを読んで、本質を理解しているのです。

何の本だか、みなさんはわかりますか？

教科書です。

実は、僕たち全員が読んだことのあるあの本こそが、本質をまとめた媒体なのです。

・東大生はみんな、教科書での勉強を徹底している

「そんなバカな」と思うかもしれませんが、これこそが東大生が東大生になれた要因でもあります。

東大は、「教科書以上の知識は出さない」ことを標榜している大学です。東大に入るための勉強として、教科書に書いてある以上の知識は求めないということを70年前から掲げています。

だから東大生になるためには、教科書をしっかり熟読することが必要だと言われています。参考書はあくまで教科書の「参考」にするためのもの。参考書を多く買うのではなく、教科書をメインに勉強している人が非常に多いのです。

僕は東大の試験会場に3回も行ったことがあるのですが、ほとんどの受験生が試験前に教科書で勉強していました。何回も読み込んだであろう、ボロボロの教科書を開いて、試

験前の最後のチェックをしている人が多いのです。

そして**東大は、教科書の知識を前提として、それをいかに応用できるかを問う問題ばかりを出題します**。教科書に書いてある本質的な情報をしっかり理解できているかが問われるのです。

「でも、教科書を読んでも、よくわからなかったんだよなあ」

そう考える人もいるでしょう。そしてその気持ちは痛いほどわかります。

僕も教科書を読んでも「うーん、よくわからないなあ」と思い、参考書を買って勉強していた記憶があります。そうこうしているうちに参考書での勉強がメインになってしまい、「あれ？　教科書どこだっけ？」となっていました。

・本質的なことはわかりにくい

ここで大切なのは、**本質的なことはわかりにくい**ということです。

たとえば教科書には、ムダな例とか、読んでいて面白い説明とか、そういうことは書かれていません。また、しっかりと根本的なところから説明しているため、表面的なものは

なかなか載っていません。だから読んでいても「？」となってしまうのです。

逆に参考書には、面白い例とか、面白い説明とか、あるいは問題として出題されそうなポイントが多く載っていて、読み物として面白かったり、短期的には結果が出やすかったりします。しかしその分、本質的な情報がわかりにくくなってしまっています。

これは**日常生活を振り返ってみてもわかる話**です。

別に、目の前にあることの「原因」を探そうとか、「上流」を考えてみようとか、「目的」をしっかり理解しようとか、「裏側」を覗いてみようとか、そんなことを考えなくても、僕たちは日常生活を送ることができます。でも、そちらを考えたほうが、より深く見えてくるものがある。

そう考えると、普通の日常生活が「参考書」の記述で、そこからもう一歩足を踏み入れた先にあるのが「教科書」の記述にあたるのかもしれません。

僕たちが読みやすいのは、参考書のほうです。これは、普段の日常生活もそうですよね。

でも、**本当に問題を解決し、より深く物事を理解するためには、教科書が必要**なんです。

・なぜ勉強するのか？

では、教科書はどのように読めばいいのか？

僕は、参考書を否定したいわけではないんです。本質的なものはわかりにくい。一方で日常生活に立脚した、本質的でない表面的なものは、わかりやすい。この間をつなぐ思考をすれば、本質をより理解できるようになるのです。

CHAPTER0で、「いつも買っている牛乳の産地」と「教科書に載っている近郊農業」がつながる、という話をしましたね。CHAPTER5では、ニュートンは「りんごが木から落ちる」という事実と「万有引力」をつなげることに成功した、という話もしました。同じように、**自分たちの身の回りのものと、教科書の内容は、どこかでリンクする**のです。

学生と話していると、「なぜ勉強するのか？」という問いを受けることがあります。そしてまた、そんな問いがある中でも、「頭のいい人」は昔から今に至るまでずっと、「勉強している人」のことを指しますよね。

では具体的に、勉強するとどんないいことがあるのか？　どうして勉強すると頭がよくなるのか？

世界一深い100のQ

「数学がなかったら世界はどうなっていたのか？」など、本質的な理解のための「深い問い」が100個紹介されている本です。問い自体が非常に面白い上に、他の分野にも応用できる内容ばかりですので、「本質思考」を学ぶ際にはぜひ並行して読むことをオススメします。
ロジェ・ゲスネリ、ジャン=ルイ・ボバン著　ダイヤモンド社僕は、勉強というものの役割は、ここにあるのだと思います。**身の回りの、何でもない、日常生活を理解するようになるために、教科書で勉強する**のです。勉強は、身の回りのことを理解するためにやるものなのです。

だからこそ、僕らは「本質」をつかんだら、それを活かして身の回りのことと結びつけたり、他の物事とリンクさせてみたりする努力が必要なのです。

ちなみに東大入試では、「身の回りのこと」と「本質」とを結びつける問題が多く出題されてきました。

Q　シャッター通り商店街が最近増えている理由を考えて答えなさい

Q　カードゲーム・ブラックジャックで勝つ確率を計算しなさい

Q　このジェンガの摩擦係数について考えなさい

Q　どうして「夕焼けは晴れ、朝焼けは雨」なのか答えなさい

これらのように、**日常を起点としつつ、本質的な理解ができているかを問う問題が非常に多い**のです。

学内の授業でもそうです。「映画『ゴジラ』からわかる日本の文化観と西欧の文化観の違い」とか、「渋谷駅の構造から見るシステム工学」とか、身近なテーマから本質的な勉強へと話が進んでいく授業が非常に多いのです。

僕たちは、**本質を見抜いただけで満足していてはいけません。本質を見抜いたら、それを日常にどうリンクさせるかを考えなければならない**のです。

そうすることによって、問題が解けるようになったり、物事をより深く理解できるようになったりしていくのです。そのためには、本書で紹介してきた思考法が非常に役に立ちます。

東大思考
Point 39

本質を見抜いただけで満足せず、それをどうリンクさせるかを考えよう！

プチ「日常の解像度」トレーニング No.28

Q. ディズニーランドの来場客数は、2010年代からどんどん増加傾向にあると報道されています。2011年には約2500万人だったのが、2018年には約3200万人まで増加していそうです。チケットの値段は安くなるどころかむしろ高くなっているのに来場者数が増えるのには、どんな理由があると考えられますか？

本質と日常をつなげる「本質つなぎ」の４STEP

さて、ではどのように「本質」を他の物事につなげるかを見ていきましょう。

・STEP0　「本質だ」と思うことや、「本質的な情報」として書いてあることを探す

まずは本質を探しましょう。本などでは「本質的な情報はこれだ」ということが書いてある場合もありますから、それを探してみるのもオススメです。

・STEP1　本質理解：噛み砕いて考えてみる。本質的だと思ったことやその背景にあるものを理解するために、調べたり考えたりしてみる

その本質を自分の中で咀嚼してみましょう。「代数は数字を文字で代用している」と書いてあっても、「文字って何だろう?」「具体的にはどうなんだろう?」ということがわからない場合もあると思います。そうならないように、しっかりと本質を自分の中で考えて理解しましょう。

本当に理解するためには、STEP2・3で具体的にしてみることも必要なので、STEP1はそこそこで終わらせても大丈夫です。

プチ「日常の解像度」トレーニング　No.28

A. もちろんさまざまな理由が複合的に働いているのですが、ここでは「2010年代」をヒントにしてみましょう。この時期に、どんなことがあったのでしょうか？　スマートフォンが普及し、多くのスマホゲームが流行するようになりましたね。つまり、待ち時間が苦ではなくなったわけです。これにより、待ち時間が長いイメージのあるディズニーランドの来場者が増加するようになった、と考えることもできます。

・ＳＴＥＰ２　学問とつなげる：教科書や本を読んで、その本質がつながるポイントを探してみる

たとえば「代数」だったら、その代数の教科書に書いてあることは多かれ少なかれ、必ず自分が見つけたその本質と結びついているはずです。関数だろうが2次方程式だろうが、それは一緒なはず。それを探してみましょう。

・ＳＴＥＰ３　生活とつなげる：その本質が教科書以外の、身の回りのことや他の学問分野とどのように結びつくかを調べてみる

「代数」という科目も、その科目自体のこと以外にも役立つところがあります。

たとえば「中学で習う代数は、他の学問とどうつながるのか？」を考えると、高校の数学に結びつくものもあれば、「線形代数」とか「工学」などの大学の学問分野に役立つポイントがあるかもしれません。

または「文字で何か違うものを表す」というのは、コンピュータの言語でも同じですし、あるいは言葉自体がそれと同じであると考えることもできるかもしれません。

そんなふうに、本質をつかめば、違うものへの応用が可能になるのです。

「本質つなぎ」の具体例

1

STEP0　「代数とは数字を文字で代用することである」

STEP1　数字＝数。1、2、3など。
文字＝xやyやzなどの、数字でない記号

STEP2　関数や2次方程式は、「数字を文字で代用する」試み。

STEP3　コンピュータ言語は「コンピュータに指令するために使われる、日常語の『代わり』の言葉」

2

STEP0　「経済学は財・サービスの合理的な生産・消費・分配を分析する学問」

STEP1　財・サービス＝お金や商品などのこと
生産＝財・サービスをつくること

消費＝財・サービスを使うこと
分配＝財やサービスを配ること

STEP2 「マクロ経済学は、広い視野で見て、政府や国がどのように財・サービスをつくったり、使ったり、配ったりすればいいのかを分析する学問」

「ミクロ経済学は、狭い視野で見て、企業や個人がどのように財・サービスをつくったり、使ったりするかを分析する学問」

3

STEP0 「ＩＴ化とは、企業や事業者が情報通信技術を活用して生産性を向上させること」

STEP1 情報通信技術＝インターネット・スマホなどのこと
生産性の向上＝ムダがなくなって、効率的にどんどん新しいサービスがつくれるようになること

STEP2 「情報システム工学は、どのようにシステムを組めば、このＩＴ化で生産性を向上できるかについて考察する学問分野」

STEP3 「ＩＴ化が進んでいる企業では生産性が向上しているが、情報通信技術と無縁の仕事ではＩＴ化がうまくいかない事例が多い」
「いちいち電話するよりもメールしたほうがわかりやすかったり、Excelを使ってデータで管理したほうが楽だったり、ハンコを押すよりオンラインで許可をもらったほうが楽だったりする」

「本質つなぎ」をやってみよう！

【問題】
「基礎が大事」はどんなところに応用できる？

【答え】
英語なら、英単語や英文法を勉強しないと長文問題が解けない。
数学なら、そもそも計算のスピードが遅いと応用問題は解けない。

国語なら、語彙力がないと文章が読めない。
文章は、文章の型を理解していないと書けない。
本は、適切な読み方を理解していないと読めない。
ゲームは、うまい人のプレーを真似したほうがうまくなれる。
スポーツは、細かいテクニックよりもまず体力が大事になる。

東大思考
Point40

一度「本質」を押さえれば、学問にも日常にもいくらでも応用可能！

PART 2

THE UNIVERSITY OF TOKYO
THINKING TECHNIQUES

「地頭がいい人」の頭の中はこう動いている

——「東大思考」実践編

THE UNIVERSITY OF TOKYO
THINKING TECHNIQUES

CASE 0

東大思考は「あらゆる場面」で「一生」使える

「わかる」から「できる」を目指す

さて、ここまで「東大生の頭のよさを支える思考回路」についてお話ししてきました。東大生が「身の回りのこと」からいかにして学んでいるか、理解できたのではないでしょうか。

ですが、理解したからと言って、行動まで落とし込めるとはかぎりません。**「わかる」のと「できる」のとでは、大きな違いがあります**。

人は、「こういうふうに体を動かせば泳げるんだよ！」といくら陸で教わっても、泳げるようにはなりません。何度も水の中に入り、悪戦苦闘しながらもがいて、どんどん水に慣れていって、初めて泳げるようになるはずです。

思考法も同じです。みなさんは今日から、ぜひ「東大思考」を日常生活でどんどん実践していってください。

東大思考は「起きている間」ならいつでもできる

「でも、いつ実践したらいいの？」

なんて考えている人もいるかもしれませんが、そういう人は僕がCHAPTER0でお話ししたことを、忘れていませんか？

東大思考は、「日常の解像度」を高めるもの。つまりは、日常生活を送っている間、目を開けているときはずっと、実践し続けることができるし、それが望ましいのです。

町を歩きながら「これってどうしてだろう？」と考える。

仕事をしていて「これはどうすればいいんだろう？」と対処する。

「東大思考」はあらゆるタイミングで実践できるものですし、非常に汎用的だからこそ、どんどん実践して思考のクオリティを高めることができるのです。

もちろん、最初から完璧にできるようになる必要はありません。なぜなら、**やっていくうちに慣れてくる**ものだからです。

先ほど「泳ぎ」の例をお話ししましたが、その例で言えば「東大思考」は日常生活のすべてが水の中であり、いつでもどこでも誰でも、実践を積むことができます。今はもう水の中なんだと思って、どんどん泳いでください。

そうすればきっと、**思考の精度は上がり、日常の解像度もぐんぐん高まっていきます。**

というわけで、ＰＡＲＴ２では、**地頭のいい人がどんな場面で、どのように東大思考を活用しているのか**、具体的にご紹介していきたいと思います。

日常生活のさまざまな場面を想定してお題を出しますので、みなさんも「東大思考」を実践しながら読み進めてみてください！

CASE 1

「よく覚えてるな、そんなこと!」と言われる人の頭の中【原因思考】

1 業務連絡や会議の内容を絶対に忘れない人

だいぶ前に会ったときの何気ない雑談まで、しっかり覚えている人。

何カ月も前の会議の内容を完璧に覚えていて、メモも見ないで「こうだったよね」と言える人。

そんなふうに、**周りから「よく覚えているな、そんなこと!」「え!? そんなことあったっけ!?」と言われる人**って、やっぱり憧れますよね。

というとで、ＣＡＳＥ１では**「業務連絡や会議の内容を忘れないようにするための方法」**を試してみたいと思います。

【問題】

あなたの会社で、社長からこんなメールが一斉送信されてきました。

「今後、会議には以下の【ＡＢＣの３原則】を覚えて臨むように。

A = alternative（代替）：意見を否定するだけではなく、きちんと代替案を出すことで問題解決に貢献すること。

B = betterment（改善）：他人の案を頭ごなしに否定するのではなく、それをブラッシュアップしてよりよくするアイデアを出そうとすること。

C = change（変化）：他人の意見に対して、具体的にどういった点が問題で、どのように変化させればいいのかを考えること。

我が社の会議は、生産性が低く、次のアクションまで落とし込むことがなかなかできずに、プロジェクトが停滞することが多かった。
その原因は、みんな問題点にばかり目が行きがちで、否定的な意見を出してしまい、議論がなかなか前に進まないことにある。このままでは、生産性の低い会議を何度も繰り返すことになり、我が社の業績は落ち込む一方だ。
そこで、否定的な意見を出す前に、以上の３つのことを守って発言をすることを求める。

以上」

あなたは次の会議までにこの「ＡＢＣの３原則」とやらを覚えなければなりません。どんな工夫をすれば覚えることができるでしょうか？　みなさんだったら、どんな方法を試しますか？

書いて覚える、口に出して覚えるなど、いろんな方法があると思いますが、おそらく多くの人は、この連絡の「ＡＢＣ」の部分を重点的に読むのではないでしょうか？　そして、

ABC以外の部分はあまり読まないでいいと判断し、スルーしてしまうと思います。

しかし、この本をここまで読んだ方なら、どこが重要なのか、わかりますよね？

「原因思考」で考えていきましょう。

2

「なぜそうなるのか」を理解するから忘れない【原因思考】

原因思考は「①原因探し」「②関連づけ」でした。まずは①原因探しからやっていきます。

原因探し（48ページ参照）

・STEP0　結果探し

結果として考えられるのは、「A＝alternative（代替）」「B＝betterment（改善）」「C＝change（変化）」の3つの原則ですね。

・STEP1　具体物探し

この3つの原則にはいろんな説明が書いてありますが、しかし具体物として考えられるのは、3つの英単語と、それに付随する日本語「代替」「改善」「変化」ですね。ここでは「A＝代替」を使って考えてみましょう。

・STEP2　問いを立てる

これを丸暗記しようとするのではなく、**「社長はいったいなぜ、この3原則を求めているんだろうか」**と考えてみましょう。

いきなり社長から連絡があったわけですが、別に社長も、ただの思いつきで「覚えるように！」と言っているわけではないはずです。理由をしっかり考えてみましょう。

・STEP3　背景を知る

その理由は、実はもう書いてあります。社長は、**「会議での発言が文句ばかりで、プロジェクトが進まない」ことを問題視している**のだと、説明に書いてありますよね。

そう考えて「代替」を見てみると、「意見を否定するだけではなく、きちんと代替案を出すことで問題解決に貢献すること」と書いてあります。つまり、ただ「これはダメだと思います」という発言だけではプロジェクトが進まないから、「こっちの案でどうでしょう?」と違う案をセットで提示しよう、というわけです。

「代替」という言葉は、「何かの代わり」を意味します。では「何」の代わりなのかと言えば、「今、会議で出ている案」の代わりですよね。

こう考えると、なぜ「代替」なのかがよくわかると思います。**理由がわかったからこそ、「代替」が覚えやすくなりました。**

関連づけ(61ページ参照)

では、「改善」「変化」に関してはどうでしょうか? 「②関連づけ」で考えていきます。

・STEP1　ラベル貼り

「会議での発言が文句ばかりで、プロジェクトが進まない」というのが、この3原則の原因でした。この原因と、残りの2つを関連づけていきましょう。

・STEP2　関連探し

B = betterment(改善):他人の案を頭ごなしに否定するのではなく、それをブラッシュアップしてよりよくするアイデアを出そうとすること。

Ｃ＝change（変化）：他人の意見に対して、具体的にどういった点が問題で、どのように
変化させればいいのかを考えること。

この２つは「会議での発言が文句ばかりで、プロジェクトが進まない」と、どう結びつくでしょうか？

この３つを結びつけるのは、**「文句」**だろうと考えられます。相手の意見を否定する「文句」を言わない、という点がすべて共通しています。それを踏まえつつ、関連づけを行ってみましょう。

・STEP3　関連づけ

ＢとＣの２つは、どちらも**「相手の意見を否定せずに、相手の意見をベースにして話を進めていく」**ことですよね。

「君の意見、ダメだね！」ではなく、「君の意見、もっとこういうふうに改善して、この部分を変化させたらいいと思う！」と発言することが求められるわけです。

つまりＡＢＣの３つを合わせると、「文句を言うなら代替案を出す」「そうでないなら、

相手の意見をベースに改善策や変更点を提示する」ことが求められるわけですね。

「原因思考」を突き詰めると「上流」に至る

もっと言うならば、**上流に「文句を言わない」という要素がある**と考えることもできます。「文句を言わないで、代替案を出す」「文句を言わないで、改善策を出す」「文句を言わないで、変更点を出す」。文句を言わないでどうするのかを提示してくれていたのが、この3原則だったわけです。

ここまで考えることができれば、もう忘れることはないでしょう。

仮にこの3原則を忘れてしまったとしても、「文句を言わない」という大原則さえ覚えていれば、会議で3原則を守らずに社長から睨まれるようなことはなくなるはずです。また、「文句を言わないで、どうするんだっけ?」と考えれば、「代替」「改善」「変化」をすぐに思い出せるはずです。

いかがでしょうか? こうやって、**「原因」を探ることで、覚えにくいことも覚えられて、しかも忘れないでいられるし、忘れてもすぐに思い出せます**。みなさん、ぜひやってみてください。

CASE 2

「めっちゃプレゼンうまいよね！」と言われる人の頭の中【上流思考】

1 圧倒的にわかりやすいプレゼンをする人

人前でとうとうとしゃべり、自分の言いたいことを伝える。そのポイントがわかりやすく、聴衆がみんなうなずいている――**「あの人、めっちゃプレゼンうまいよね！」**って言われる人って、「頭いいな」と思いますよね。

CHAPTER2では、長々とした説明はよくない、**頭のいい人は短い言葉で本質的なポイントをとらえる**という話をしました。

ここで「説明」というのは、ただ話をすることだけではありません。**プレゼンをしたり、そのための資料をつくったりするのも説明**で、そのたびに僕たちは**「ポイントがまとめられない！」と悩む**ことになります。

だから僕たちは、**プレゼンがうまい人を見ると「頭のいい人だな」と感じる**のです。実際、東大の同級生のプレゼンを聞いていると、うまくポイントを押さえて話していて、とても賢い印象を受けます。

東大思考なら、そういうプレゼンや情報整理がうまい人にもなれます。それを説明するために、次のケースをご覧ください。

【問題】

あなたは部下に、営業の心得を伝えようと思いました。

しかし、あなたのつくった心得はいまいちピンとこない、と部下から不満の声が上がっています。どこを直せば、伝わりやすいものができるでしょうか？

営業の心得

・とにかくクライアントに会いに行け！
・クライアントと積極的に雑談しろ！
・常にクライアントの側に立って考えろ！
・実際にクライアントと同じ行動を取ってみろ！
・クライアントの生活・ビジネスに、足りない部分を考えろ！

間違ったことを書いているようには見えませんし、なんとなくすべて意味のあるものなんだろうな、というのはわかります。でも、**いかんせんポイントが多くて、これをすべて実践しようという気にはならない**ですよね。

では、いったいどうすればいいのでしょうか？　この心得は、なぜ「いまいちピンとこない」のでしょうか。

2 「そもそも」から伝えるから誰にでもわかる【上流思考】

僕は、**この心得がわかりづらいのは、「下流」だけが列挙されているから**だと思います。いろんなことが書いてありますが、しかし実は本当に大切なこと、その心得を通して実現したいことが書かれていないと思いませんか？　そもそも、とにかくクライアントに会って、雑談して、そうした行動で、いったい何が見えてくるのか？

もとをたどってみたら、同じ「上流」が待っているかもしれません。**同じなのであれば、まとめることができる**はずです。

このように**「上流」を探せば、プレゼン内容は要点を押さえたものになります**。上流思考の2つの考え方、**「①流れ探し」「②要約づくり」**をやっていきましょう。

流れ探し（80ページ参照）

・STEP1　言葉の定義探し

「クライアント」というのは、顧客を指す言葉です。

また、ここでいう「雑談」というのは、きっと、「いやー、今日はいい天気ですねえ」とか、そういう会話ではないですよね。自分たちのビジネスに直接的には関わらないけれど、相手のビジネスを把握するために必要となる**「ビジネスの雑談」**のことを指しているのだと考えられます。

もちろん、もしかしたらビジネスとは関係ない、本来の意味での「雑談」なのかもしれません。大切なのは、**ここで使っている「雑談」という言葉に2つの解釈がありうる**ことです。こういう細かい言葉の定義を、きちんと考える必要があります。

・STEP2　そもそも探し

そもそも、この営業の心得は何のためにあるものなのでしょうか？

よくよく読んでみると、会って、雑談して、相手の側に立って、考えて……「クライアントとの信頼関係をつくれってことなのかな？」と思うわけですが、しかし残りの2つ、「同じ行動を取れ」「足りない部分を考えろ」は特殊ですね。単純に信頼関係をつくればいいというわけでもなさそうです。

では、「同じ行動を取る」「足りない部分を考える」ことによって、何が見えてくるのでしょうか？　それはおそらく、**「需要」**です。クライアントが何を欲しがっていて、どんなものを売りに行けば買ってもらえるのか。それをきちんととらえるための行動だと言えます。

そう考えると、「会って、雑談して、相手の側に立って、考える」のも、**積極的に「需要をとらえる」ため**だと言えますよね。

ということはきっとこれ、**全部「需要をとらえるために」という上流があるんじゃないか？　と考えられる**わけです。

・ＳＴＥＰ３　流れ探し

「需要をとらえる」。これこそ、営業の心得の上流にあるものでした。

そうだとすれば、**「クライアントの需要を考えることが大切なんだ！」と伝えれば、部下も営業についてより深く理解できる**はずです。

部下の中には、この長い５つの心得を自分で考え出せる人もいるでしょうし、この５つ以外の心得を見出す人も現れるかもしれません。

要約づくり（92ページ参照）

ということで、ここまでで「流れ」を説明できるようになりました。では、**よりわかりやすくするために、この5つの心得を要約してみましょう。**

・STEP1　上流探し

これはもう終わっていますよね。上流は「需要をとらえる」でした。

・STEP2　つなぎ合わせ

「需要をとらえる」と、既存の5つの営業の心得をつなげてみましょう。

まず「クライアントに実際に会って」「クライアントと雑談をする」ことで需要を探る。

それとは別に「クライアントの立場に立って」「実際に同じ行動を取る」ことで「足りない部分を考え」、需要を探る。

これが営業の心得だとまとめられるはずです。

そうすると、**前の2つは「会ってすること」**、**後ろの3つは「相手の立場に立ってすること」**と切り分けることができますよね。

・STEP3　要約づくり

以上を要約してみると、

「実際に会って話して、クライアントの需要を探る」

「相手の立場に立ち、相手と同じ行動を取ることで、相手の欲しいものが何かを考える」

という2つの文にすることができます。最初よりコンパクトでわかりやすいですね。

このように、上流を探すことでプレゼンが格段にわかりやすくなるのです。

THE UNIVERSITY OF TOKYO
THINKING TECHNIQUES

CASE 3

「あの人の指示、わかりやすい！」と言われる人の頭の中【目的思考】

1 相手が絶対に誤解しない指示を出す人

人にうまく指示ができる人って、頭がいい人だと感じますよね。**「あの人の指示、わかりやすい！」**と感じられる指示を出してくれる上司は、1つの理想形ではないでしょうか。
そういう上司になりたいと考える人も多いと思います。

でも、**人に指示を出すのって難しい**ですよね。わかりやすい指示が出せない、指示したつもりが伝わっていない……そんなふうにお悩みの方も、けっこう多いと思います。

指示をする側が意図していない行動を取ったり、お願いしたはずなのに何もしてくれなかったり……コミュニケーションには齟齬《そご》が生じがちで、指示もうまく人に伝わらないことが多いものです。

・指示とは「目的」と「手段」を伝えること

指示がうまく伝わらないのは、CHAPTER3でお話しした**「目的」と「手段」のどちらかが伝わっていない**からです。

たとえば、みなさんが「今日はオフィスをきれいにしておいてくれ」と指示されたとします。どれくらい掃除をしますか？　めちゃくちゃきれいにするという人もいれば、少し整理するくらいですます人もいるでしょう。

どちらの行動が正しいのかは、指示の「目的」によって変わります。

「今日はテレビの取材が入るので、会社のイメージアップのためにオフィスを綺麗にしてほしい」という目的なのであれば、めっちゃ綺麗にしたほうがいいですよね。

でも、「最近少し整理ができていないように見えるから、ちょっと片づけてほしい」という目的なのであれば、そこまで気合いを入れて整理する必要はありません。

このように**「目的」によって、「手段」である指示の具体的内容は変化します。**

逆に**目的が同じでも、「手段」が違う**場合もあります。

たとえば「この仕事、早く終わらせたいからすぐにやっといて！」と言われたとします。「すぐに」という指示を「明日まで」と解釈する人もいれば、「今日中、なんなら今すぐ」と考える人もいるでしょう。ここで齟齬が生じると「すぐにやれって言ったのに何時間かかってるんだ！」「昨日の今日ですぐにやったじゃないですか！」という喧嘩が起こってしまうわけです。

大切なのは「目的」と「手段」の両方を、しっかり伝えることです。そんなことを踏まえて、次の問題を考えてみてください。

【問題】

あなたは牛丼屋さんの店長です。お客さんの居心地のいい店をつくろうとしています。

最近、新しく従業員を雇いました。その従業員に対してあなたは、「お客さんにどんどんお茶を注げ」と指示しました。しかし従業員は、どれくらい積極的にお茶を注げばいいのかわからず、なかなか指示どおりに動いてくれません。

どんなふうに従業員に説明すれば、もっとお茶を注いでくれるようになるでしょうか？

2 「目的」「手段」両方伝えるから確実に伝わる【目的思考】

こんなときに使えるのが、ＣＨＡＰＴＥＲ３で説明した「目的思考」です。目的思考には「①目的探し」と「②手段選び」がありました。順番に実践していきましょう。

目的探し（１１９ページ参照）

・ＳＴＥＰ１　ゴールづくり

そもそも、なぜ積極的にお茶を注ぐ必要があるのでしょうか？　それはあなたが、お客さんにとって居心地のいい店をつくりたいから。その目的を達成するためには、コップのお茶がなくなる前に店員がお茶を注ぎに行くことが望ましいと考えているからですね。

「コップのお茶が空にならないお店」。これがあなたの指示の「ゴール」です。

・STEP2　目的選び

「コップのお茶が空にならないお店」というゴールから逆算して考えると、**「お客さんがお茶を飲み干したタイミングで、お茶を注ぎに行けばいい」**ということがわかりますよね。

お茶は飲まなければ空にはなりません。コップを空にしないためには、お客さんが飲んだらお茶を注げばいいわけです。

「お客さんがお茶を飲み干したタイミングで、お茶を注ぎに行く」。これは指示として非常にわかりやすい気がします。

・STEP3　目標づくり・目的尖らせ

「お客さんがお茶を飲み干したタイミングで、お茶を注ぎに行く」を、**もっと具体的に、数字を入れて説明する**にはどうすればいいでしょうか？

たとえば「3分に1回、お茶を飲んだか確認し、飲み干していれば注ぐ」というのはありだと思います。

ただこれだとちょっと複雑で大変ですね。

オススメなのは、**「お客さんがコップを45度以上に傾けたらお茶を注げ」**です。傾ける角度が大きいということは、コップのお茶の残りが少なくなっているということです。この指示であれば、きちんと相手に伝わると思います。

手段選び（131ページ参照）

さて、これで指示としてはほぼ完璧だと思いますが、**もっと上を求めるのであれば、「手段選び」をやってみましょう。**

・STEP0　目的づくり

目的は「お客さんがお茶を飲み干したタイミングでお茶を注ぎに行くことで、お客さんのコップが空にならないお店を目指す」ということでしたね。

・STEP1　目的分解

「コップのお茶が空にならない」というのは大きな要素ですのでメモしておきます。

・STEP2　たとえ探し

さて、**「お客さんのために」「いつもこういう状態になっている」**というものの例って、どんなものがあるのでしょうか?

僕がパッと思いつくのは、ディズニーランドです。ディズニーランドはいつも園内が綺麗に整理されていて、お客さんがゴミを落としてもスタッフがすぐに回収するという話があります。**「ディズニーランドのような牛丼屋!」**というたとえは、ちょっと突飛ですが伝わりやすいかもしれませんね。

ほかにはホテルマンも、お客さんが困っていたらすぐに声をかけてくれるイメージがありますよね。**「ホテルマンのような従業員になろう!」**というのも、伝わりやすいかもしれません。

ということで、

「ディズニーランドのような牛丼屋を目指せ!」

「お客さんがコップを45度以上に傾けたらお茶を注げ」

というふうに指示を出せば、従業員の方も行動しやすいと思います。

THE UNIVERSITY OF TOKYO THINKING TECHNIQUES

CASE 4

「なんでそんなこと思いつくの?」と言われる人の頭の中【裏側思考】

1 多彩なアイデアを次々と思いつく人

みなさんは「ブレインストーミング」ってやったことありますか? これは「とりあえずアイデアの数をたくさん出す」ことを目的に、「批判禁止」で思いついたことをどんどん発言する会議です。

実際にやってみると、**「なんでそんなこと思いつくの!?」と言いたくなるくらい、面白いアイデアをたくさん出せる人**もいれば、昔の僕のように何も思いつかずに黙り込んでしまう人もいます。**いろんなアイデアがぽんぽん出てくる人って、本当にすごい**と思います。

たとえば次のようなとき、あなたならどんなふうにアイデアを出しますか？　考えてみてください。


【問題】

あなたは会社で、上司にこんなことを言われました。

「新型コロナウイルス後の新しいビジネスチャンスのアイデアを、何でもいいから思いつくかぎり考えてきてくれ」

さて、みなさんはどれくらい思いつくことができるでしょうか？

2 「視点」を変えるから多様なアイデアが浮かぶ【裏側思考】

さまざまな角度からアイデアを出すための思考法が、CHAPTER４で解説した**「裏側思考」**です。裏側思考には、**「①裏側探し」「②視点探し」**がありました。実際にやってみましょう。

先ほどの問題は、どのような角度から見ることができるでしょうか。まずは「①裏側探し」で考えてみましょう。

裏側探し（155ページ参照）

・STEP1　肯定・否定選び

まず、新型コロナウイルスの一件を肯定的にとらえるのか否定的にとらえるのかで、立場が変わってきます。経済的な観点から見た場合、否定的にとらえることが非常に多いと思いますので、**否定的な立場**を選んでみましょう。

・STEP2　表側探し

なぜ、新型コロナウイルスの一件は経済的にマイナスの出来事なのでしょうか？　もちろんそれは、外出自粛により人と会うことが制限され、観光業や飲食店、アパレルなどのお店が閉まり、経済活動が止まってしまったからです。**これが「表側」**ですね。

・STEP3　裏側探し

では、**この「裏側」を考えてみましょう**。

外出自粛で人と会うことが制限されたことは、**本当にマイナスなのでしょうか**。この時期に、「新しい生活様式」としてオンラインミーティングやオンライン授業がどんどん進展したと言われています。**制限されたからこそ、進展したものもある**わけです。

また、観光業や飲食店、アパレル業界が新しいビジネスを考えなければならない以上、**それを助ける仕事が生まれてくるはず**です。たとえば飲食店であれば、ウーバーイーツのような宅配サービスやテイクアウトを支援するサポートなど、この時期だからこそ新しいビジネスが生まれるはずです。

視点探し（168ページ参照）

どうでしょうか？　裏側を考える中で、いくつかのアイデアが出てきましたね。次は**裏側以外の視点でも考える**ために、「視点探し」をやってみましょう。

・STEP1　視点調べ

調べてみると、**「アフターコロナ」**と**「ウィズコロナ」**という考え方があるそうです。アフターコロナは「新型コロナウイルスの脅威がなくなった後の世界」のことで、ウィズコロナは「新型コロナウイルスの脅威はなくならないと考え、うまくつき合っていく世界」のことです。

急進的な考え方と**穏健**な考え方の対立もあります。「この際だからどんどん新しいことをやっていくべきだ！」「在宅ワークを全面ＯＫにしよう！」という考え方もあれば、今はコロナに耐える時期だと考えて「慎重に物事を見て判断するべきだ」「今までと変わらない生活を心掛けよう」という考え方もあります。

さらに、**業種**によってもとらえ方が変わりそうです。「世間で騒がれているほど影響はない」と考える業種もあるでしょうし、逆に「もっと真剣にコロナの問題と向き合わなければならない」という業種もあるでしょう。いろんな対立がありますね。

・STEP2　視点選び

では１つひとつの立場から、アイデアを考えていきましょう。なお、ＣＨＡＰＴＥＲ４では「３つに分けて列挙する」と説明しましたが、今回の上司の指示は「思いつくかぎり」なので、そこにはこだわらないことにします。ということで、「ＳＴＥＰ３　結論づけ」は、ここではいりませんね。

コロナの肯定的な側面：新しい生活様式のきっかけとなったので、それに合わせた商材を考えるべき。

（例）企業のＩＴ化・オンライン化を支援する仕事（デジタルトランスフォーメーション）、オンライン授業のためのツールやバックアップ商品

アフターコロナ：コロナ問題が片づいたときのことを考えるべき。外出自粛が全面的に解除されることを考えて、その時期に大きな需要があるビジネスを考える。

（例）コロナ終息祝いのパーティ企画やパーティグッズ販売、やっと田舎へ帰省できる人に提案する特別なお土産

ウィズコロナ：コロナとうまく付き合っていく生活を考えるべき。

（例）マスクや消毒液などの販売、企業へのＩＴ化支援、ソーシャルディスタンスを守る支援をする商材の開発、感染対策のための袋がついたお菓子の開発など

急進派：この時期だからこそ新しいことをやっていくべき。
（例）需要が高まっているYouTube事業への参入。または、急進派に対して商品を売るという意味でYouTube事業への参入支援や、在宅ワークのためのインフラの販売と整備支援

このように、視点を変えることでいろいろなアイデアを思いつくことができました。**「逆転の発想」をするためにあえて「裏」を考えてみるという感覚**を、ここでは学んでいただければと思います。

THE UNIVERSITY OF TOKYO THINKING TECHNIQUES

CASE 5

「あの人に任せておけば大丈夫！」と言われる人の頭の中【本質思考】

1 どんな問題もスパッと解決する人

最後は問題解決です。世の中いろんなトラブルや問題がありますが、**それらをスパッと解決できる人こそ、真に頭がいい人**と言っていいのではないでしょうか。**「あの人に任せておけば大丈夫！」**と言われる人に、僕は心からなりたいと思っています。

そういう人になるための手段が、CHAPTER5で紹介した**「本質思考」**です。その使い方を、具体的に問題を解きながら見ていきましょう。

【問題】

あなたが働いているコンサルティング会社では、1年間契約で経営のアドバイスやマーケティングのお手伝いなどを行っています。営業力はあるので新規受注数は多いのですが、2年目以降も継続して契約してくれるクライアントが少ないという課題を抱えています。

クライアントから話を聞くと、「金額は高くないし、いいアドバイスももらえるんだけど、1年で十分かな」「支払った料金に見合ったアドバイスは得られたけど、これ以上はいらないかな」とのこと。どのクライアントも「ある程度は満足できたけど、もう1年はちょっと……」という態度でした。

はたして、どうすれば契約の継続率を高めることができるでしょうか？

うーん、難しい問題ですね。満足はしてくれているのだけれど、1年でいいと言われてしまう……これには、どのような**本質的な課題**があるのでしょうか？

2 本質的な課題を見極めるから問題が解ける【本質思考】

このような「問題解決」で使えるのが、「①本質探し」「②本質つなぎ」からなる「**本質思考**」です。まずは「①本質探し」からやっていきましょう。

本質探し（197ページ参照）

・STEP1　ミクロ化・マクロ化

【ミクロ化】

「継続率が低い」。これを**ミクロ**に考えてみるとどうなるでしょうか？

まずは「**原因思考**」で考えてみましょう。「継続率が低い理由」はいろいろ考えられますが、「1年で十分かな」「支払った料金に見合ったアドバイスは得られたけれど、これ以上はいらない」と言われているということは、「1年契約としては対価が見合っているけれど、2年契約としては対価が見合っていないから」だと推測できます。

次に、「**目的思考**」で考えてみます。「継続率を高める」ことを目的とすると、「契約を更新してもらうための手段」が不足しているのかもしれません。

この2つを総合して考えると、もしかしたら「2年目からは安くなるプラン」「2年目だからこそできるアドバイス」など、**更新してもらうための手段があれば解決する**かもしれません。

こんなふうに、**問題をミクロで見ていくだけでも、いろんなことを思いつくことができます**。

【マクロ化】

次に**マクロ**で考えてみましょう。広い視点から見ると、この問題はどういう問題なのでしょうか？

ミクロで考えたときには「こういうプランがないから」という具体的で短期的な解決策が出てきたわけですが、より抽象的に、長期的に考えると、どんな問題があるのでしょう。

まずは「**上流思考**」です。「継続率が低い」のが下流の問題だとすると、上流にある問題はどんなものでしょうか？

1つは「**顧客との信頼関係が築けていない**」ということだと考えられます。契約を維持できるほど仲良くなっていればうまくいくはずなのに、そうなれていない。ということは、顧客と信頼関係をうまくつくれていない可能性がありますね。

ほかの要因として、純粋に**「質が低い」**可能性もあります。コンサルティングでめちゃくちゃ結果が出ているのであれば「2年目もぜひ！」となることは確実です。それがないからこそ、継続しないという可能性もあります。

次に、**「裏側思考」**で「逆」を考えてみましょう。

今回は「継続率が低い」ことが問題であると考え、否定的にとらえていますが、**はたしてこれって本当に問題なのでしょうか？**　逆の立場から、肯定的に考えることもできるはずです。

1年で契約が切れてしまうとは言っても、受注はできているわけです。1年目の満足度も悪くないのですから、それでいいとも考えられます。「1年で十分」ということは、**2年目以降は自分たちでできるようになっている**ということ。それはそれで、顧客のためになっているはずです。

そう考えると、「継続率が低い」のは問題ではなくなります。これを逆にチャンスととらえて、**「2年目以降は顧客が自分で運営できるようにみっちりコンサルティングを行う」**

というセールストークで今よりも高い金額で販売する、なんて方向の解決策もあるはずです。

ここまで出てきたアイデアをまとめると、次のようになります。

①1年契約としては対価が見合っているけれど、2年契約として考えるには対価が見合っていないから継続率が低い
②2年目以降の更新を促すプランが少ないので継続率が低い
③顧客との信頼関係が築けていないため継続率が低い
④質が低いから継続率が低い
⑤2年目以降はクライアント自身でできるようになっているから継続率が低い

・STEP2　ミクロ・マクロ連結

さて、ではこれらを連結してみましょう。CHAPTER5で、ミクロとマクロの間に本質があるという話をしました。それを探してみるのです。

さまざま問題が浮き彫りになっていますが、①と④は次のように連結できそうです。

「1年契約としては対価が見合っているけれど、2年契約として考えるには質が低いから、継続率が低い」

この文からは、**「継続」という問題の難しさ**が見えてきます。

たとえば100円の水を買ったときに「これは100円の価値だ」と思ったら、その人は**その水にクレームもつけないでしょうが、次に同じ水を買うかどうかはわからない**ですよね。

でも「これは110円の価値だ！」と思ったら、その人はまた水を買ってくれるはずです。「10円も得なんだから、また買おう」となるわけです。

「金額に見合っている」だけでは、継続的に商品を買ってくれるわけではないのです。

「金額以上だ」と思えるような質を提供して初めて、お客さんは継続的に商品を買ってくれるのです。

・STEP3　本質化

以上の考察から、本質を次のように抽出しました。

「金額を超える質ではないから、継続率が低い」

これこそが、本質なのではないでしょうか。金額を超える価値を提供していないから、顧客との信頼関係も構築できないし、1年で十分だと思われてしまっているわけです。

本質つなぎ（214ページ参照）

・STEP1　本質理解

「金額を超える質ではないから、継続率が低い」。これはけっこう、大切なポイントを含んでいます。

ビジネスではお互いにメリットのある「ウィンウィン」の状態が理想的と言われます。でも、**「ウィンウィン」だからといって、お互いのメリットが「5：5」になっているとはかぎりません**よね。

むしろ「4：6」で相手のほうが少し得をしていたり、「7：3」で自分のほうがメリットが大きかったり……そういうことってよくある話だと思います。時給1000円でも、ぴったり1000円分の仕事をする人は少ないはずです。1100円分仕事をする人もいれば、900円分しか仕事をしない人もいます。

そして、だからこそビジネスは継続的になっていると考えることもできます。1100円分の仕事をした人に対しては「頑張ってくれたから、色をつけておいたよ！」と言って少し多く給料を渡す。そうすると「お！　もっと頑張ろう！」と思いますし、逆に900円分の仕事しかしていない人は「もうちょっと頑張らないと！」と1000円分の仕事ができるように努力するはずです。

この設問のケースでも、クライアントのメリットが多かったら「1年の契約ですごく得をしたから、来年もお願いしよう」「支払った対価以上の仕事をしてくれたから、次もお願いしよう」となる可能性は高いはずです。

・STEP2　学問とつなげる

「じゃあ、こういう考え方って存在していないのかな？」と思って調べてみると、**「51対49の法則」**というのが出てきました。調べてみるといろんな解釈があるようですが、その1つに**「売り手と買い手で、買い手のほうがほんの少し得をするようにしておくとビジネスがうまくいく」**というものもありました。これはさっきの本質と似ていますね。

また**「返報性の原理」**というものもあるそうです。これは、**「人間はもらったものは返さなければならないという意識が働く」という原理**です。自分にメリットが多いなと感じたら、相手に返さなければならない気持ちになるということです。

たしかにこれは、先ほどの**「メリットが大きかったら、もう1年契約したくなる」という心理**を説明することにもつながりますね。

・STEP3　生活とつなげる

僕らも日常生活の中で無意識的にこういう行動をとっていないかと考えると、**いろんな物事がこの法則で説明できる**ことに気づきます。

たとえばスーパーなどで試食をすると、なんとなくそれを買わなければいけないという意識が働きますよね。誕生日にプレゼントをもらったら、なんとなく相手の誕生日にも何かを返さなければならない気がします。

これを活かすと、たとえば**「契約継続かどうかを判断する直前に、プレゼントを贈ったり接待したりする」**のは、もしかしたら使える手なのかもしれません。

本質をつかむと、こんなふうにいろんな解決策を思い浮かべることができるようになるのです。

さらに言うと、この「本質思考」の過程で、**さまざまな気づきがありました。本質思考は、解決策を考える以外にもさまざまなことを理解し、考え、思い描くきっかけ**になります。みなさんぜひ、実践してみてください。

巻末付録

「考える技術」と「地頭力」がいっきに身につく

東大思考のポイントを一挙に掲載！

東大思考 Point 1

「頭がいい」「悪い」を分けるのは、才能ではなく「思考回路」だ

東大思考 Point 2

思考回路を変えれば、誰でも「頭がよく」なれる！

東大思考 Point 3

「東大思考」とは、「日常の解像度を上げる」こと！

東大思考 Point 4

東大生は、日常的に目にする「すべてのこと」から学んでいる

東大思考
Point 5

「頭がいい人」は、必ずしも「記憶力」が高いわけではない

東大思考
Point 6

「記憶力がいい人」は、知識を「関連づけ」「変換」するから覚えておける

東大思考
Point 7

記憶は、「容量」よりも「収納の仕方」が大切

東大思考
Point 8

「結果」のもととなる「原因」を理解することで、丸暗記を避ける

東大思考
Point 9

「原因」は具体的なものから考え、少しずつ抽象化していく

東大思考
Point 10

さまざまなことを「関連づけ」れば、覚える量を減らすことができる

東大思考
Point 11

日常生活の中で、さまざまな知識を常に「関連づけ」る

東大思考
Point 12

要約力とは、本当に大切な「ひとつ」を探す能力のこと

東大思考
Point 13

すべての物事にある「背景」に目を向けよう！

東大思考
Point 14

あらゆることは「上流」をおさえることで適切にまとめられる！

東大思考
Point 15

そもそも論で、物事の大枠をとらえよう！

東大思考
Point 16

目の前の事象と「上流」をつなげば、「誰にでもわかる要約」になる！

東大思考
Point 17

要約では「具体的な例」や「数字」を省き、抽象的で本質的な部分だけを残す

東大思考
Point 18

「話がうまい」人は、「説明力が高い」人である

東大思考
Point 19

説明とは、相手の「既知」と物事を結びつけること

東大思考
Point 20

相手にとって既知の情報を例に出して話すことで、説明がぐっとうまくなる

東大思考
Point 21

手段ばかりではなく、目的をしっかりとらえることが大切！

東大思考
Point 22

自分の話に「タイトル」をつけることで、いっきにわかりやすくなる

東大思考
Point 23

「目的」をできるだけ具体的にし、「目標」に落とし込む

東大思考
Point 24

人は一足飛びには理解できないことを自覚しておく

東大思考
Point 25

具体的な目的をもとに、日頃から使えそうな例をメモしておく

東大思考
Point 26

「一を聞いて十を知る」とは、見る立場・見る方向を変えて物事を
見られるということ！

東大思考
Point 27

発想力のある人＝たくさんの「目のつけどころ」を持っている人のこと！

東大思考
Point 28

「賛成／反対」、「経済的／倫理的」など、
対立するさまざまな立場から物事を考えてみよう！

東大思考
Point 29

肯定を否定、否定を肯定してみる習慣で、裏側探しの力が身につく！

東大思考
Point 30

まず「自分の立場」を決めた後、それを否定する意見を考える

東大思考
Point 31

物事を両面から見る訓練は、３０００年以上続けられてきた「思考トレーニング」である

東大思考
Point 32

「ものの見方」を増やせば、いいアイデアにたどり着く！

東大思考
Point 33

自分の頭の中でディベートをし、「議論」しつくそう！

東大思考
Point 34

東大生は、何気ない物事の中から「伏線」を見つける能力が高い！

東大思考
Point35

「ミクロな視点」と「マクロな視点」、両面を持ち合わせることが大切！

東大思考
Point36

「ミクロ」と「マクロ」、両方の視点を行き来することで、問題解決力が身につく！

東大思考
Point37

何事においても本質があり、それはミクロとマクロの間に存在する

東大思考
Point38

本質にはすでに「名前」がついていることが多い！

東大思考
Point39

本質を見抜いただけで満足せず、それをどうリンクさせるかを考えよう！

東大思考
Point40

一度「本質」を押さえれば、学問にも日常にもいくらでも応用可能！

おわりに

さて、最後まで読んでくださって、ありがとうございました！

「頭のいい人の思考法」のお話をしてきましたが、どうでしょうか。みなさん、この本のメソッドは実践できそうでしょうか。

この本ではずっと、**「日常の解像度」**について話をしてきました。

頭の使い方を変えれば、普段の生活の中から、いくらでも学ぶことができる、と。

僕は、**これこそが「学び」の本質なのだ**と思います。

学ぶとか勉強とかって、「勉めて」「強いる」という言葉が使われていることからもわかるとおり、なんとなく「他人から押しつけられてやるもの」というイメージがつきまといます。机に向かって教科書や本を開いたり、先生や上司の話を聞いたりするのが勉強だと思われています。

でも、この本でご紹介してきたとおり、実は**普段何気なく生きている中から、いくらでも学びとることができる**のです。

「学校」を意味する「スクール」は、古代ギリシア語の「スコレー」から来ていると言われています。この言葉の意味は、「学んだり芸術に触れたりする充実した時間」のこと。「勉強」はもともと、「暇な時間に行う楽しいもの」だったのです。

人間は、暇潰しのために、楽しいから勉強を開発したのです。

そして学ぶという行為は、情報をただ漠然と受け取ることではありません。**世の中のことに疑問を向け、上流を探し、目的を考え、裏側を見て、本質をとらえようとする、能動的な行為**です。

「授業を受ける」ことを、英語では「take a class」と言います。「take」は「取る」という意味であり、つまりは授業を受ける側の能動的な姿勢が前提です。

本来的には、**学び勉強することは「アクティブ」なもの**です。昨今「アクティブラーニング」という言葉が流行していますが、僕の知り合いの教授は「そもそも勉強は『アクティブ』なものなんだから、あの言葉はちゃんちゃらおかしいんだよ」と言っていました。

学ぶとは、自分から能動的に日常生活に目を向けて、考え、楽しむことなのです。アクティブに物事を考えるのが楽しいから、人間は学ぶのです。

だから僕は、この本を通して**「学びの楽しさ」**をお話ししてきたつもりです。普段、何気なく目にするものから学び、思考を変えることで見える世界を変え、いろんなことをもっと深く理解できるようになる。

そんな**「学ぶこと＝生きること」**の楽しさを、ご紹介してきました。この本のメソッドを試したみなさんの日常が、彩りあふれたものになり、より多くの学びを得られるようになるのなら、こんなに嬉しいことはありません。

ここまでお読みいただき、ありがとうございました！　またお会いしましょう。

２０２０年６月

西岡壱誠

【著者紹介】

西岡壱誠（にしおか　いっせい）

現役東大生。1996年生まれ。偏差値35から東大を目指すも、現役・一浪と、2年連続で不合格。崖っぷちの状況で開発した「思考法」「読書術」「作文術」で偏差値70、東大模試で全国4位になり、東大合格を果たす。

そのノウハウを全国の学生や学校の教師たちに伝えるため、在学中の2020年に株式会社カルペ・ディエム（https://carpe-di-em.jp/）を設立、代表に就任。全国6つの高校で「リアルドラゴン桜プロジェクト」を実施、高校生に思考法・勉強法を教えているほか、教師には指導法のコンサルティングを行っている。静岡県沼津市の誠恵高校では理事長付学習特別顧問を務める。また、YouTubeチャンネル「スマホ学園」を運営、約7000人の登録者に勉強の楽しさを伝えている。

著書『「読む力」と「地頭力」がいっきに身につく 東大読書』『「伝える力」と「地頭力」がいっきに高まる 東大作文』（いずれも東洋経済新報社）はシリーズ累計30万部のベストセラーになった。

「考える技術」と「地頭力」がいっきに身につく 東大思考

2020年8月13日　第1刷発行
2020年9月14日　第3刷発行

著　者――西岡壱誠
発行者――駒橋憲一
発行所――東洋経済新報社
〒103-8345　東京都中央区日本橋本石町 1-2-1
電話＝東洋経済コールセンター　03(6386)1040
https://toyokeizai.net/

ブックデザイン………成宮　成（dig）
イラスト………………加納徳博
ＤＴＰ………………アイランドコレクション
著者エージェント……アップルシード・エージェンシー（https://www.appleseed.co.jp）
印刷・製本…………丸井工文社
編集協力……………桑田　篤
編集担当……………桑原哲也

　ISBN 978-4-492-04671-5